Mosaik
bei GOLDMANN

Buch

Träume sind aufschlussreiche Spiegelbilder der Seele – für alle, die es verstehen, sie zu entschlüsseln. Sie bringen unterdrückte Emotionen an die Oberfläche, weisen auf die Zukunft hin und warnen vor Gefahren. Das Nachschlagewerk des Spezialisten für Traumdeutung Georg Haddenbach gibt Auskunft über die Grundfragen von Schlaf und Traum, die wichtigsten Traumarten und die Geschichte der Traumdeutung. Ein Lexikon der häufigsten Traumsymbole hilft, die Bildersprache des Unbewussten zu übersetzen und aus ihr Lehren für das Wachleben zu ziehen.

Autor

Georg Haddenbach hat viele erfolgreiche Sachbücher geschrieben mit den Spezialgebieten Traumdeutung und Astrologie.

Georg Haddenbach

Traumdeutung

Das ABC der Träume

Mosaik
bei GOLDMANN

Die Ratschläge in diesem Buch sind von Autor und Verlag sorgfältig erwogen und geprüft, dennoch kann eine Garantie nicht übernommen werden. Eine Haftung des Autors bzw. des Verlags und seiner Beauftragten für Personen-, Sach- und Vermögensschäden ist ausgeschlossen.

Umwelthinweis:
Alle bedruckten Materialien dieses Taschenbuches
sind chlorfrei und umweltschonend.

2. Auflage

Vollständige Taschenbuchausgabe August 2003
Wilhelm Goldmann Verlag, München,
ein Unternehmen der Verlagsgruppe Random House GmbH
© 1995/2000 Falken Verlag, ein Unternehmen der Verlagsgruppe
Random House GmbH, München
Umschlaggestaltung: Design Team München
unter Verwendung eines Fotos von Premium
Satz: Uhl + Massopust, Aalen
Druck: GGP Media, Pößneck
Verlagsnummer: 16556
Kö · Herstellung: Ina Hochbach
Printed in Germany
ISBN 3-442-16556-3
www.goldmann-verlag.de

Inhalt

Vorwort	7
Über den Schlaf und die Träume	8
Das zweite Leben, das wir führen	9
Kleines Seminar über den Schlaf	11
Was ist der Traum?	14
Ultrakurze Wellen der Seele	16
Das Rätsel der »Kopfuhr«	18
Die wichtigsten Traumarten	20
Sexuelle Träume	20
Kriminelle Träume	21
Alpträume	23
Träume vom Fliegen und vom Fallen	24
Todesträume	25
Zahlenträume	26
Farbenträume	27
Kinderträume	28
Träume von Blinden	29
Wahrträume	30
Wachträume	33
Reizträume	34
Die Traumdeutung und ihre Geschichte	36
Der Zahntraum des Pharao	37
Platon: seherische Kraft der Seele	38
Göttliche Sendung oder Aberglaube?	39

Freuds wissenschaftliches Wagnis 41
C G. Jung: Das Bild ist Seele! 43
Der Traum auf dem Bildschirm? 45

Das ABC der Träume 46

Register 189

Vorwort

Haben Sie schon einmal nackt inmitten einer Menge heftig diskutierender Menschen gestanden und verzweifelt nach einem Kleidungsstück gesucht, das Ihre Blößen bedecken könnte? Sind Sie schon einmal ins Endlose gefallen, tiefer und tiefer, und niemand fing Sie auf?

Dann haben Sie schon einmal einen jener Standardträume gehabt, die Sie mit Hilfe des großen Traum-Abc in diesem Buche selbst deuten können. Einziges Rüstzeug: Erinnerungsvermögen an die Hauptelemente Ihres Traums und ein wacher Verstand, die Stichwörter, die Ihnen das Unbewusste im Schlaf zuspielte, in die Wirklichkeit des Bewussten zu übersetzen.

Träume sagen viel über Ihren Seelenzustand aus. Sie warnen rechtzeitig vor Gefahren. Sie raten zuzupacken, wenn es das Schicksal günstig mit Ihnen meint.

Manche Träume geben sogar Einblick in zukünftiges Geschehen unser Buch soll Ihnen helfen, sich darauf einzustellen, vielleicht sogar im rechten Augenblick das Steuer Ihres Lebensschiffleins herumzureißen und einen anderen, besseren Kurs einzuschlagen. Die Bildersprache des Unbewussten ins Tagesbewusstsein umzusetzen bedeutet zunächst, sich selbst zu erkennen, denn im Traum blicken wir gleichsam in einen Spiegel, den uns die Seele vorhält. Das Spiegelbild verkehrt die Seiten, zeigt uns anders, als wir in Wirklichkeit sind, eben seitenverkehrt. Auch das Traumbild zeichnet uns anders. Es vergröbert manches, um es umso eindringlicher zum Bewusstsein zu bringen. Es ist retuschiert, ein Zerrbild oft, das sich aber zu entzerren lohnt.

Der Traum ist das zweite Leben, das wir führen, aus dem wir Lehren für unser Wachleben ziehen können. Wir müssen nur die Bildersprache des Unbewussten richtig übersetzen.

Über den Schlaf und die Träume

Mittelalterliche Reiter jagen durch die Landschaft, drohen, uns mit ihren Lanzen aufzuspießen, wandeln sich von einem Augenblick zum anderen in Raumfahrer, die mit uns ins All fliegen. Wir verlieren den Boden unter den Füßen, fallen aus der Ewigkeit zurück zur Erde und liegen selig lächelnd wie ein satter Säugling auf weichem Pfühl. In Gedankenschnelle spielte sich alles ab. Wir nennen es Traum, die Bildersprache der Seele.

Setzen wir uns auf die Spur der Träume, die wir aus dem Unbewussten heraus erleben, und gestehen wir gleich vorab: Die Spur wird uns in die Irre führen, manchmal ins Nichts. Die Wissenschaft ist noch nicht so weit, dieses Phänomen Traum in allen Einzelheiten zu erklären. Zwar wissen wir, dass die Schaltzentrale des Unbewussten irgendwo in unserem Hinterkopf sitzen muss, dass von dorther elektrische Wellen ausgesandt werden, die sich in jene mehr oder weniger bizarren Bilder auflösen, die im Schlaf sichtbar werden. Aber letztgültig ist das, was wir Seele nennen, noch nicht erforscht. Der in Amerika arbeitende Wiener Arzt Professor Kneucker glaubte, dass die Seele nichts anderes ist als ein Feld chemischer Reaktionen in unserem Gehirn. Andere Wissenschaftler meinen, sie sei der im Schlaf abgeschwächte Verstandesapparat, der durch eine Art Notaggregat beim schlafenden Menschen unbewusste Denkprozesse fördere. In der Naturwissenschaft ist eben auch das, was wir Seele nennen, Materie und nicht die unsichtbare, gottgewollte Kraft, die uns leben lässt bis zum letzten Atemzug. Für sie liefert eine nicht einmal ein Pfund schwere graue Gehirnmasse alle erforderlichen Seelenzustände.

Jede andere Deutung sei persönliche Glaubenssache und damit wissenschaftlich nicht erfassbar.

Trotz Einsatzes modernster elektronischer Geräte kamen die

naturwissenschaftlichen Forschungen kaum über Anfangserfolge hinaus – ganz einfach deshalb, weil sich die Spur der Seele und damit der Bildersprache des Unbewussten, des Traums, ins Nebulöse verflüchtigt. Wir wissen um die Schaltzentrale, um die auslösenden Faktoren in unserem Gehirn, aber nur mit psychologischen Mitteln können wir deuten, was hinter den elektrischen oder chemischen Reaktionen steckt, die unser Gehirn ausführt, um uns in Gedankenschnelle Träume zu vermitteln, deren Deutung nur im geistig-seelischen Bereich zu suchen ist.

Zwischen Tag und Traum sind wir Menschen Wanderer zwischen zwei Welten, zwischen der, die wir in vollem Bewusstsein erleben, und jener, die uns ins Unbewusste zurücksinken lässt. Wir nennen es Schlaf, den Ruhezustand nach des Tages Hast und Mühen.

Die Bewohner einer australischen Inselgruppe deuten es anders: Diese so genannten Primitiven glauben heute noch, dass sie im Schlaf ihr eigentliches Leben führen, während sie das Dasein auf der Erde als unwirkliches Geschehen abtun. Der Traum ist für sie realistisch, Vorbote des ewigen Lebens, das sich ergeben wird, wenn man im Diesseits für immer die Augen schließt, in dem man wahrlich traumhaft weiterleben kann. Dies ist gewiss eine der schönsten Umschreibungen von Schlaf und Tod im Hinblick auf die Unsterblichkeit.

Das zweite Leben, das wir führen

Bleiben wir noch ein wenig beim Schlaf. Auch er gibt seit jeher den Wissenschaftlern Rätsel auf. Natürlich können wir seine Funktion klar umreißen: Der Schlaf ist die Ruhestation des Körpers, bei der alles nahezu abgeschaltet ist, was wir im Arbeitsleben brauchen – das Denken, das Fühlen, das Handeln. Die fünf Sinne brennen im Schlaf nur auf Sparflamme, damit sich der Akku des Lebens aus den nun frei gewordenen Energien wieder voll aufladen kann. Ein paar Stunden genügen dazu, und wir sind hellwach und können die alltägliche Leistung erbringen, die wir Leben nennen; denn der Schlaf ist nicht blutvolles Leben, sondern nur ein Dahindämmern in einer anderen Welt, aus der die Träume kommen, unser zweites Leben, für das die Seele Pate steht.

Die Frage scheint berechtigt: Wer schläft da eigentlich, wenn wir schlafen? Im Schlaf sehen wir uns ja oft in ganz anderer Gestalt. Wir fühlen uns nicht, wir haben keine bewussten Sinneswahrnehmungen.

Ist das nur auf das Zurückschalten des Hauptstromkreises in unserem Körper zurückzuführen? Wohl kaum. Auch der Schlaf, die Verpackung des Traumes, gibt eben Rätsel auf, die von der Wissenschaft noch nicht gelöst werden konnten.

Man weiß natürlich, dass wir nicht ohne Schlaf auskommen können, dass wir ein Drittel unseres Daseins in diesem Ruhezustand verbringen, in dem sich unsere Zellen erneuern, die Nerven beruhigen. »Der Schlaf ist für den ganzen Menschen, was das Aufziehen für die Uhr«, hat einmal der Philosoph Arthur Schopenhauer (1788–1860) geschrieben. Wir können mit anderen Worten unsere Zeit mit Arbeit erfüllen und abschnurren lassen, aber wir müssen unsere Lebensuhr immer wieder neu aufziehen, ein Vorgang, der sechs bis zehn Stunden dauert, je nach Alter, denn junge Menschen brauchen mehr, ältere weniger Schlaf.

Unterdrückung des Schlafbedürfnisses kann zu schweren gesundheitlichen Störungen führen. Das hat ein Experiment ergeben, das in einer Spezialabteilung des Staatlichen Hospitals von Salt Lake City unter der Aufsicht der Psychiater Eugen Bliss und Lincoln Clarc mit Studenten der amerikanischen Universität Utah durchgeführt wurde. 72 Stunden lang blieben die Studenten wach – das Ergebnis: Die Versuchspersonen bekamen während ihres schlaflosen Zustandes regelrechte Halluzinationen, sie reagierten wie krankhafte Psychopaten, so als ob sie unter Drogeneinfluß stünden. Das Experiment ergab, dass der Mensch schwer krank wird, wenn der Schlaf mehrere Tage unterdrückt, dass er wahrscheinlich sterben muss, wenn er eine Woche oder länger wach gehalten werden sollte.

Zwar kam in den dreißiger Jahren ein Dr. Fischer von der Universität Chicago 115 Stunden lang ohne Schlaf aus, und indische und tibetanische Yogis können durch bestimmte Exerzitien wochenlang schlaflos leben, aber das sind nur die Ausnahmen von der Regel, dass man nicht längere Zeit ohne Schlaf existieren kann.

Dagegen sprechen auch nicht jene Berichte über kranke Menschen, die jahrelang kein Auge zumachen konnten, weil bei ihnen das hypothetische Schlafzentrum im Stammhirn, das den Schlaf steuern soll, gestört ist.

Kleines Seminar über den Schlaf

Wir sagten es schon: Die Wissenschaft ist in der Erforschung des Schlafes noch nicht allzu weit gekommen, sie entfernte sich kaum von der Feststellung des griechischen Philosophen Aristoteles (384–322 v. Chr.), dass der Schlaf die Bestimmung habe, der Erhaltung der Lebewesen zu dienen. Selbst die moderne Erkenntnis, dass der Schlaf eine Leistung des Organismus darstelle und daher bei Kranken aktiviert werden müsse in einem so genannten Heilschlaf, ist gar nicht so neu.

Ägyptische und griechische Priester, die im Altertum auch als Heilkundige galten, verordneten ihren gläubigen »Patienten« Schlaf, damit ihr Körper und ihre Seele genesen konnten. Das weitere überließ man den Göttern. In einem griechischen Tempel war es der Gott Asklepios (Aeskulap), der den Kranken nach beruhigenden Bädern durch Träume den Weg zur Heilung bahnte, durch Träume, die von den Priestern schicksalhaft gedeutet wurden. Auch wir, die wir uns nicht in griechischen Tempeln den lichtvollen Träumen des alten Heilkünstlers Asklepios anvertrauen können, sollten uns bemühen, einen guten Schlaf zu haben, der uns Kraft für den Alltag tanken lässt und uns Träume schenkt, aus denen wir nur Gutes deuten können. Hier einige Regeln dafür:

Versuchen Sie, sich den ganzen Tag über nicht aufzuregen.

Halten Sie sich aus allem Ärger heraus, der Ihren Blutdruck in Wallung bringen könnte.

Essen Sie drei Stunden vor dem Zubettgehen nichts mehr, und gehen Sie nach dem Abendessen noch eine Zeit lang an die frische Luft.

Trinken Sie abends keinen Bohnenkaffee, keinen schwarzen Tee und nur mäßig Alkohol.

Wenn Sie allein zu Hause sind und sich fürchten, schauen Sie vor dem Schlafengehen ruhig einmal unters Bett, ob sich nicht ein Räuber darunter befindet. Das kann die Nerven erheblich beruhigen und fördert das Einschlafen.

Schauen Sie nicht zu lange am Abend in die Fernsehröhre.

Lesen Sie im Bett keine aufregenden Romane, sondern lieber lyrische Gedichte; ihre beruhigende und damit einschläfernde Wirkung ist bekannt.

Gehen Sie möglichst vor 24 Uhr schlafen, denn der Schlaf vor Mitternacht ist bei den meisten Menschen gesünder.

Schlafen Sie grundsätzlich in einem gut durchlüfteten, ungeheizten Raum. Nur wenn die Temperatur unter null Grad sinkt, sollte man das Schlafzimmer leicht temperieren.

Wenn Sie unter kalten Füßen leiden, nehmen Sie am besten vor dem Schlafengehen ein Wechselfußbad.

Auch Autosuggestion kann über Schlaflosigkeit hinweghelfen. Sollten Sie unter dieser leiden, hilft, wenn Sie sich den ganzen Tag über hier und da Mut zuflüstern: »Ich werde heute Abend ganz ruhig und ausgeglichen ins Bett gehen und entspannt schlafen!«

Es gibt noch viele andere Vorschläge und Mittel für den gesunden Schlaf. Wichtig ist immer, dass man sich im Bett nicht verkrampft. Alles weitere macht das Schlafzentrum in unserem Gehirn, das die Sinne nach und nach zurückschaltet und die Muskeln entspannen lässt. Es ist völlig gleichgültig, wie Sie im Bett liegen – zusammengerollt oder lang gestreckt, auf dem Rücken oder auf dem Bauch, auf der linken oder auf der rechten Seite. Der Mensch ist ein Gewohnheitstier und findet in seinem eigenen Bett schnell die Lage, die ihm zum Einschlafen verhilft. Unbewusst legt er sich selbst im fremden Bett auf seine Zuckerseite, die ihm gesunden Schlaf verschafft.

Wie tief und wie lange schläft der Mensch?

Kinder fallen schon kurz nach dem Einschlafen in einen sehr tiefen Schlaf. Sie sind nach zwei Stunden nur noch mit Gewalt aufzuwecken, später wird ihr Schlaf leichter, um die sechste Stunde nähert er sich fast dem Wachsein, um dann wieder für drei oder vier Stunden tiefer zu werden, worauf ein plötzliches Erwachen folgt.

Erwachsene brauchen nicht so viel Schlaf wie Kinder. Normalerweise genügen ihnen acht Stunden, um entspannt aufzuwachen. Menschen, die über fünfzig Jahre alt sind, kommen sogar mit sechs oder sieben Stunden, Greise oft mit noch weniger aus.

Auch die Schlaftiefe hängt mit dem Lebensalter zusammen. Junge Leute schlafen fester, ältere erwachen oft schon durch den geringsten Störeinfluss von außen. Die Schlaflänge lässt sich aber nicht in jedem Fall auf einen Nenner bringen; individuell weicht sie von den angegebenen Durchschnittswerten manchmal ziemlich ab.

Wir werden nicht krank, wenn wir eine Zeit lang unser Schlafbedürfnis einschränken. Unsere Leistungsfähigkeit und unsere Konzentration auf die tägliche Arbeit nehmen kaum ab. Es entsteht lediglich ein Schlafdefizit, das wir zu gegebener Zeit aufholen müssen. Verstehen Sie jetzt, warum es den Heilschlaf gibt, warum wir im Urlaub oder an freien Wochenenden oft über Gebühr lang schlafen? Wir gleichen damit den Kurzschlaf aus, den wir uns im Alltagsleben zumuteten.

Mit dem Schlaf, ob er nun kurz oder lang ist, gönnen wir dem Körper ein wenig Erholung vom Stress im Wachleben. Das Gehirn schaltet gewissermaßen von Leistung auf Ruhe um, es lässt unsere Nerven und Muskeln entspannen, die meisten stellt es sogar ganz ab. Nur einige arbeiten wie gewohnt weiter, die Herzmuskeln zum Beispiel, die auch im Schlaf unseren Blutkreislauf in Gang halten müssen, und auch die Schließmuskeln für Harn und Kot. Der Schließmuskel der Augen blendet zum Beispiel die Lichtreize ab, die von außen auf unseren Sehapparat einströmen könnten, und die Augen selbst suchen nach oben und nach außen Schutz unter den Knochen der Augenhöhlen. Auch die fünf Sinne lässt die Schaltzentrale in unserem Gehirn in einem wohltuenden Ruhezustand.

Das Leben im Schlaf ist ein Erleben im Unbewussten, denn das Phänomen Schlaf wird intervallweise abgelöst von dem Phänomen Traum, das ohne Schlaf gewiss nicht denkbar ist.

Was ist der Traum?

Im Laufe von Jahrtausenden galt der Traum als Botschaft der Götter, als Folge von Leibschmerzen, als barer Unsinn, als Übersetzung von alltäglichen Wünschen, auf deren Erfüllung man hoffte. Die seltsame Bildersprache des Unbewussten wurde in vielerlei Gestalt gedeutet. Von Priestern, von Ärzten, von Scharlatanen. Nur langsam nahmen diese Deutungen ernsthafte Formen an: Man sammelte Träume und verglich sie miteinander, verglich auch, was sich bei den Träumenden daraus für das Wachleben übersetzen ließ. Der Forscherdrang der alten Babylonier, Chinesen, Inder, Ägypter und Griechen bescherte Erkenntnisse über den Traum, die bis auf den heutigen Tag noch Gültigkeit haben, auch wenn sie in den letzten Jahrhunderten immer wieder verfälscht wurden. Das Erleben der Traumbilder ist das Gleiche geblieben, nur dass man vor einem Jahrtausend nicht von Flugzeugen und Autos träumte, sondern von Ochsenkarren und rasanten Streitwagen, die von vier Pferden in die Schlacht gezogen wurden. Die Traumdeuter des Altertums betrieben ihre Forschungen wie echte Wissenschaftler, auf deren erstaunliche Ergebnisse selbst moderne Psychologen nicht ganz verzichten können.

Was also ist der Traum? Carl Gustav Jung, über dessen wissenschaftliche Arbeit wir noch berichten werden, erklärte es so: »Der Traum ist ein Stück unwillkürlicher psychischer Tätigkeit, das gerade so viel Bewusstsein hat, um im Wachzustand reproduzierbar zu sein. In der Regel ist der Traum ein sonderbares und fremdartiges Gebilde, das sich durch viele schlechte Eigenschaften, wie Mangel an Logik, zweifelhafte Moral, unschöne Gestaltung und offensichtliche Widersinnigkeit oder Sinnlosigkeit, auszeichnet. Man tut ihn deshalb gerne als dumm, sinn- und wertlos ab.«

Der Traumforscher F. W. Hildebrandt schrieb im Geburtsjahr Jungs (1875) über den Traum: »Der Traum lässt uns bisweilen in Tiefen und Falten unseres Wesens blicken, die uns im Zustand des Wachens meist verschlossen bleiben. Er bringt uns so feine Aperçus der Selbsterkenntnis, dass wir erwachend staunen möchten über den Dämon, der mit wahren Falkenaugen uns in die Karten blickt.« Und der große schlesische Dichter Gerhart Hauptmann ergänzte diese Aussage in seinem Roman »Der Narr in Christo Emanuel Quint«: »Alle verschiedenen Arten und Grade der Träume erforscht zu haben, würde bedeuten, in einem weit tieferen Sinn als irgendeinem anderen Kenner der menschlichen Seele zu sein!« Der Dichter machte sich damit die Erkenntnis des griechischen Philosophen Aristoteles zu Eigen, der den Traum als den Spiegel der Seele bezeichnete. Der Schweizer C. G. Jung blieb bei dieser Behauptung: »Das (Traum-)Bild ist Seele!«

Auch wir sollten uns zu dieser Aussage bekennen.

Ultrakurze Wellen der Seele

Bedeutende Wissenschaftler haben in den letzten Jahrzehnten den Stoff, aus dem die Träume sind, experimentell untersucht. Einer der Ersten, der behauptete, Seelisches trete im Gehirn als elektrische Erregung in Erscheinung, war der russische Physiologe Iwan Petrowitsch Pawlow (1849–1936). Er erarbeitete neue Erkenntnisse zur Nervenversorgung des Herzens und begründete mit dem Psychiater und Neurologen Wladimir Bechterew (1857–1927) die Reflexologie als Richtung der Psychologie, die alles menschliche und tierische Verhalten auf ererbte (unbedingte) oder durch Übung erworbene (bedingte) Reflexe zurückführte. Pawlow, der für seine Forschungen 1904 den Nobelpreis erhielt, hat seine Theorie von den elektrischen Impulsen seelischer Zustände im Gehirn nicht durch eigene Experimente erhärtet. Den Beweis für die Richtigkeit dieser Behauptung trat der deutsche Psychiater Hans Berger (1873–1941) an.

Schon der englische Arzt Caton hatte 1874 an Kaninchen- und Affengehirnen Versuche durchgeführt, durch die elektrische Ströme im Gehirn nachgewiesen wurden. Er hatte im Gehirn der Tiere Elektroden angebracht. Dabei stellte er fest, dass ständige Stromschwankungen stattfanden, die sich bei Belichtung der Augen veränderten. Niemand nahm damals die Forschungen des englischen Arztes so ernst, dass sie weitergetrieben wurden. Erst Hans Berger experimentierte gründlicher und wurde damit der Entdecker der Elektroenzephalographie. Er brachte am Kopf von Versuchspersonen Elektroden an, die an Drähten hingen und mit Mull- und Gummibinden befestigt waren. Die Drähte führten zu einem Apparat, der die Gehirnströme auf Papierstreifen aufzeichnete. Hunderte von Versuchen bewiesen, dass die im Elektroenzephalogramm (EEG) aufgezeichneten Schwankungen die elektrische Tätigkeit der Gehirnzellen sehr detailliert darstellten.

Mit Hilfe des EEG konnten nun Forscher darangehen, die Schlaftiefe und die Länge und Intensität der Träume zu messen.

Bereits Anfang der fünfziger Jahre entdeckte Professor Kleitman an der Universität Chicago eine Methode, Träume zu registrieren. Versuchspersonen waren Studenten, deren einzige Tätigkeit es war, in der Physiologischen Klinik der Universität mit Elektroden am Kopf zu schlafen und zu träumen. Ärzte untersuchten die Ergebnisse, die das EEG aufzeichnete, und stellten erstmals wissenschaftlich fest, wie oft ein Mensch in der Nacht träumt und wie lange diese Träume dauern.

William Dement vom Mount Sinai Hospital in New York entwickelte diese Methode weiter. Er baute auf der Erkenntnis auf, dass die Träume in Verbindung mit Phasen schneller, binokular synchroner Augenbewegungen auftreten (REM = rapid eye movement). Er stellte fest, dass »Häufigkeit und Richtung dieser Augenbewegungen mit dem assoziierten Trauminhalt in einer Weise verknüpft sind, dass die Vermutung, die Augenbewegungen stellten Fixierbewegungen des Träumers beim Beobachten des Traumgeschehens dar, begründet erscheint. Eine Untersuchung nicht unterbrochenen Schlafs zeigte das regelmäßige Auftreten von Phasen mit schnellen Augenbewegungen im Laufe der Nacht, und zwar in Verbindung mit den leichtesten Phasen der Schlaftiefe, die ebenfalls zyklisch variieren und mit einem Elektroenzephalographen registriert werden können. Die individuelle Zyklenlänge des Schlafs lag im Durchschnitt bei 90 Minuten, und die mittlere Dauer einzelner Augenbewegungsphasen betrug ungefähr zwanzig Minuten.« Somit umfasse, stellte Dement abschließend fest, der Schlaf einer typischen Nacht vier bis fünf Traumphasen, die am Ende eines jeden Schlafzyklus auftreten und etwa zwanzig Prozent der Gesamtschlafzeit ausmachen. Die einzelnen Traumperioden dauern von einer bis zu 72 Minuten. Zu Beginn des Schlafes sind sie daher eher kurz, werden dann aber später zunehmend länger.

Im Verlauf seiner Forschungen ließ Dement seine Versuchspersonen beim ersten Auftreten einer Traumperiode aufwecken. Er hinderte sie also daran zu träumen. Alle Versuchspersonen reagierten nach solchem Traumentzug am nächsten Tag mit gesteigerter Reizbarkeit, mit Angst und Konzentrationsschwäche. Ließ man sie in der darauf folgenden Nacht durchschlafen, holten sie ihre verlorenen Träume nach: Die Versuchspersonen träumten dann durchschnittlich siebenmal in einer Nacht statt bisher fünfmal.

Dement schrieb dazu: »Die Ergebnisse lassen sich dahingehend interpretieren, dass es notwendig ist, jede Nacht eine bestimmte Zeit lang zu träumen. In aufeinander folgenden Traumentzugsnächten scheint sich mit anwachsendem Traumdefizit ein Drang zu träumen aufzustauen – dieser Drang wird zunächst deutlich in der ansteigenden Zahl von Traumansätzen und dann in der Erholungsphase in der deutlichen Erhöhung der Gesamttraumzeit und der prozentualen Traumzeit. Aus der Tatsache, dass dieser Anstieg über vier oder mehr aufeinander folgende Erholungsnächte aufrechterhalten wird, kann man auf einen mehr oder weniger quantitativen Ausgleich des Defizits schließen. Würde man den Traumentzug lange genug durchführen, müsste man möglicherweise mit einem ernsthaften Zerfall der Persönlichkeit rechnen.« Wer also über längere Zeit am Träumen gehindert werden würde, wäre schon bald psychisch krank.

Das Rätsel der »Kopfuhr«

Die Traumphasen sind auch verantwortlich, dass es die rätselhafte »Kopfuhr« gibt, die bei vielen Menschen ganz ausgezeichnet funktioniert: Man nimmt sich vor dem Schlafengehen vor, frühmorgens pünktlich aufzustehen, und ist tatsächlich ohne einen Wecker um die bestimmte Uhrzeit wach. Dabei ist nach Professor Wolf von Siebenthal die Schlaftiefe – jedenfalls bei Geübten – nicht gestört. Siebenthal glaubte, dass die »Kopfuhr« kraft des Willens eher eine physische als eine psychische Funktion hat, da nach seiner Meinung »das Unbewusste, das gar nicht weiß, was Zeit ist, keine Zeitstrecke abschätzen« kann.

Das Rätsel der »Kopfuhr«

In 250 Experimenten hat K. Frobenius das Funktionieren der rätselhaften »Kopfuhr« nachgewiesen. Das Erwachen klappte bei drei Vierteln seiner Versuchspersonen ausgezeichnet und war in einer Fehlerbreite von nur fünf Minuten. Dabei wurde in einigen Fällen den Personen nicht einmal ihre Einschlafzeit verraten, man störte sie durch zur unrechten Zeit schlagende Uhren.

Spätere Versuche ergaben, dass es sich hier um einen physiologischen Vorgang handeln müsse, der aber nur bei zwanzig Prozent der Menschen funktioniere. Sicher erscheint nur, dass bei diesem geheimnisvollen Aufwachbefehl das Unbewusste doch im Spiele ist, dass die Seele den Wunsch, zu einer bestimmten Stunde aufzuwachen, registriert und ihn an die Schaltstation im Gehirn weitergibt, die rechtzeitig das Bewusstsein einschaltet.

Die wichtigsten Traumarten

Wir haben gesehen, dass gerade in den letzten Jahrzehnten die Wissenschaft viele Experimente zum Ergründen der körperlichen Vorgänge während Schlaf und Traum unternahm. Bei diesen Versuchen musste die psychische Seite des Traumes unbeachtet bleiben. Aber Psychologen und Psychotherapeuten konnten auf den Forschungsergebnissen von Berger, Kleitman, Dement und anderen aufbauen.

Die Aufzeichnung der Träume ist nicht nur für den Psychologen und den Psychotherapeuten wichtig, sondern auch für uns selbst, die wir aus unserem Unbewussten Rückschlüsse auf unser Leben ziehen möchten. Wir brauchen dazu kein Elektroenzephalogramm und keinen Computer, sondern nur einen kleinen Zettel, den wir griffbereit neben das Bett legen, damit wir kurz nach dem Erwachen aufschreiben können, was wir im Traumbild sahen. Eine Anleitung, wie man Träume deuten kann, versuchen wir im »Abc der Träume« zu geben.

Hier werden vorab erst die wichtigsten Traumarten beschrieben, um zunächst einen Generalüberblick zu bekommen, der später dann in Details gegliedert wird.

Sexuelle Träume

Ohne Scham greift die Bilderwelt des Traumes Sexuelles auf, übersteigert es manchmal sogar in regelrechte Orgien. Das Triebhafte, im Wachleben durch Zivilisation und Erziehung gebändigt, kommt hier zum Ausbruch. Aber nicht immer sind erotische Träume als Lust-Wünsche, als sexuelle Begierde zu deuten, vielfach machen sie nur Geistig-Seelisches durchsichtig. Mit solchen

Bildern will uns das Unbewusste manchmal über den Umweg ins Triebhaft-Derbe unsere Partnerschafts-Probleme aufzeigen, Hemmungen abbauen, die menschliche Kontakte verhindern oder doch zumindest erschweren.

Die Häufigkeit sexueller Träume ist von der Triebstärke des Menschen abhängig. Manchmal treten sie auf, wenn eine bisher herzliche Partnerschaft gestört ist. Hier ist der Wunsch Vater des Gedankens: Man möchte schier Unwiederbringbares zurückholen, den innigen Kontakt im zwischenmenschlich-seelischen Bereich wiederherstellen. Oft schildert der Sexualtraum auch nur die Angst, etwas zu verlieren, dessen man sich im Wachleben völlig sicher zu sein glaubte.

Manchmal umschreibt er aber auch unseren Willen, uns von etwas zu trennen, das nicht mehr zusammenzuhalten ist. Inzestträume können da als Beispiel herangezogen werden: Wenn die Tochter mit dem Vater, der Sohn mit der Mutter schläft, will die Seele junge Menschen darauf vorbereiten, dass es jetzt Zeit ist, aus dem elterlichen Haus zu gehen, sich als Individuum zu bewähren, auf eigenen Füßen zu stehen.

Man sieht aus diesem Beispiel, dass ein grober Trauminhalt eher eine geistige Bedeutung haben kann, dass die Unzucht als verstärktes Beweismittel gelten kann, um den Träumer auf einen Wandel in seinem Leben aufmerksam zu machen und damit darauf vorzubereiten.

Kriminelle Träume

Wilhelm Stekel (1868–1939) stellte bei seinen traumanalytischen Untersuchungen über Neurosen fest, dass man den »geheimen Verbrecher im Menschen« berücksichtigen müsse, wenn man an die Heilung des Leidens gehen wolle. Neurosen sind seelische Störungen, die sich vielfach in funktionellen, körperlichen Krankheitserscheinungen ausdrücken wie Migräne, Übelkeit, Erbrechen, Magen- und Darmbeschwerden, Herz- und Kreislaufstörungen und allgemeinen körperlichen Missempfindungen. Seit Sigmund Freud wurden darüber zahlreiche Theorien entwickelt. Wir können heute davon ausgehen, dass Neurosen vor allem bei Menschen auftreten, die als kleine Kinder vernachlässigt wurden oder bei denen Störungen in den Elternbeziehungen auftraten, z. B. durch Scheidung, Verlust eines oder beider Elternteile sowie Misshandlungen. Ferner kommen Neurosen bei Menschen vor, deren Ehe- oder Berufsleben gestört ist. Diese Neurotiker werden nach Stekel im Traum »Verbrecher ohne den Mut zum Verbrechen«.

Der Traumanalytiker kann auch gleich ein Beispiel aus seiner Praxis anführen. Ein Mann kam zu Stekel und erzählte: »Ich träume, dass Gas ausgeströmt ist. Meine Frau und mein Sohn liegen bewusstlos, blass und blau in ihren Betten. Ich erwache mit Schrecken und sehe nach, ob sie noch leben. Zu meiner Beruhigung atmen beide ruhig. Ich kann lange nicht einschlafen.« Wilhelm Stekel erklärt den Traum so: »Die Tragödie einer unglücklichen Ehe. Seine kriminellen Gedanken gehen dahin, Frau und Kind mit Leuchtgas zu vergiften. Kein Mensch soll das Verbrechen erfahren. Es soll nur ein unglücklicher Zufall sein. Er will frei sein, um sich sexuell auszuleben. Noch ein zweites Motiv: Seine Schwester ist Witwe geworden und hat eine schöne Pension. Er möchte den Haushalt mit ihr gemeinsam führen.«

Der arbeitsunfähige Patient Stekels litt unter Schlaflosigkeit, er kämpfte mit Selbstmordgedanken. Die Diagnose der Nervenärzte lautete: Neurasthenie. »Immer wird man hinter den Symptomen Schlaflosigkeit, Unfähigkeit zu arbeiten, Dyspepsie (Verdauungsstörung), Verstopfung usw. einen schweren ›psychischen Konflikt‹ finden«, erklärt Stekel das Krankheitsbild.

Kriminelle Träume spiegeln also oft eine im Wachleben gehemmte oder zurückhaltende Aggression wider. Es muss nun keinesfalls Neurotiker sein, wer von solchen Träumen im Schlaf geschüttelt wird. Und natürlich träumen auch nicht alle Neurotiker über Verbrechen, die ja nur die Übersetzung trüber Gedanken aus dem Wachbewusstsein sind. Kriminelle Träume können aus den nichtigsten Anlässen auftreten. Bei aufgestautem Ärger über den Vorgesetzten zum Beispiel, den man am liebsten vierteilen möchte, bei Examensängsten, die zugleich auch die Furcht vor dem prüfenden Lehrer beinhalten können, den man mundtot machen möchte. Im Traum sind wir eben alle keine tugendhaften Menschen, sondern oft rechte Missetäter.

Interessant ist in diesem Zusammenhang, was bei der Untersuchung der Träume Krimineller herauskam: Verbrecher schlafen oft besser als Normalbürger, Alpträume bedrücken sie nicht, und von zum Tode Verurteilten wird sogar behauptet, sie würden kaum mehr träumen, vielleicht weil ihre Seele schon zu abgestumpft ist.

Alpträume

Wir kennen alle dieses Traumsymptom: Wir werden von Angst geschüttelt, jemand ist hinter uns her, wir möchten uns verkriechen, aber es gibt keinen Schlupfwinkel für unser geängstigtes Ich, überall stöbert uns der Unheilvolle auf. Noch wenn wir erwachen, sitzt uns nackte Angst im Nacken, bis wir uns aus der Verkrampfung lösen, die uns das Traumgeschehen sekundenlang in die Wirklichkeit überspielte.

Wir erleben Alpträume, wenn wir uns im Wachleben in einer Krise befinden, die uns fürchten lässt, etwas zu verlieren, das wir lieb gewonnen hatten oder das uns zur lieben Gewohnheit geworden war. Als Krisen empfindet der Mensch auch körperliche Umstellungen wie Pubertät oder Klimakterium, weil er sie erst verkraften muss, weil er Angst hat vor der neuen Situation, in die er sich gestellt sieht.

Immer wieder werden Alpträume mit Sexuellem in Verbindung gebracht, und das nicht erst seit Freud, dem Schöpfer der

Psychoanalyse – die Chaldäer kannten solche Ausdeutungen schon vor Jahrtausenden. Freud glaubte, dass man Alpträume durch die Bewusstmachung der ihnen zugrunde liegenden sexuellen Verdrängung verlieren würde. C. G. Jung sah in ihnen symbolische Sendboten der primitiven, dunklen Seite unserer seelischen Triebkräfte, deren Wollen man erkennen müsse, um sie zu besiegen.

Um Alpträume ranken sich manche Mythen und Sagen. Und immer wieder spielt der Teufel darin in vielerlei Gestalt die Hauptrolle. Im Mittelalter glaubte man, in diesen Angstträumen den Beweis gefunden zu haben, dass der Träumer vom Wege Gottes abgewichen sei. Der Teufel mischt sich ins Liebesleben ein, er sitzt im Alkohol. Heute hat sich die Schreckgestalt des Satans in den Träumen verloren, sie ist eher zum Spottbild geworden und wird daher in unseren Träumen nur noch in anderer Gestalt erscheinen: als uns feindlich gesonnener Chef, als die hässliche Frau, die sich in unser Sexualleben drängt, als das Räderwerk einer Maschine, das uns zu zermalmen droht.

Träume vom Fliegen und vom Fallen

Nach Professor Wilhelm von Siebenthal dürfte die Charakterisierung des Flugtraums als Zeichen des gehemmten, verhinderten Emporkommens, des ständig Gescheiterten und mehr und mehr Kontaktarmen, Isolierten die allgemein gültigste sein. Ehrgeiz und der Wunsch nach Potenz stellen sich im Flugtraum dar. Er ist für den im Wachleben Zurückgesetzten die Übersetzung des Erfolgserlebnisses, das Gefühl des Überflügelns, das im Alltagsleben nicht gelingt.

Oft aber beinhalten Träume vom Fliegen schon das Herausfinden aus einer verzwickten Lage. Sie setzen ebenso ein Warnzeichen wie jene vom Fallen ins Bodenlose. Hier deuten sie oft Schwierigkeiten im intimen Bereich an, Hemmungen und mangelnden Kontaktsinn. Gerade Erfolgreiche träumen von dem tiefen Fall; der Traum setzt dabei ihr Wollen, das Erreichte zu sichern, in eine daraus entstehende Kontaktarmut, in ein Blindsein gegenüber dem Wünschen und Fühlen ihrer Umwelt um, wobei hier durchaus das Sprichwort von dem Hochmut, der vor dem Fall kommt, angebracht erscheint.

Von Fliegen und Fallen kann gleichzeitig in einem Traum die Rede sein, der dann das Hin- und Hergerissensein des Träumers schildert, das Gehemmtsein gegenüber seinen Mitmenschen ebenso wie der Wunsch, sie in seinem Sinne überzeugen zu können.

Todesträume

Wir sterben im Traum und leben fröhlich weiter, wir sehen Verwandte tot im Bett liegen und begegnen ihnen als gesunden Menschen am nächsten Tag. Ist das nicht ein Widersinn? Kaum, denn die meisten Todträume berichten von dem sich wandelnden Leben, von dem Neuen, das sich anbahnt und auf das wir uns einstellen müssen. So berichtete der C. G. Jung-Schüler Ernst Aeppli aus der Erfahrung von Tausenden und Abertausenden kleiner und großer Träume, dass Todträume »nie leiblichen Tod verkünden, dass sie also nicht dunkle Voraussage sind«. Und er fährt fort: »Träume, in denen vom Tode gesprochen wird, in welchen sich in oft seltsamen Bildern ein Sterben vollzieht, in denen wir selbst sterben müssen oder gar am eigenen Begräbnis teilnehmen, besagen nichts anderes, als dass seelisch etwas tot ist, dass die Beziehung zu den Menschen, die wir gestorben träumen, zurzeit des Lebens entbehrt.«

Tatsächlich bedeutet jede Wandlung ein Sterben und ein Neuentstehen. Aus diesem Grunde lassen sich gerade Todträume, die ja eine Wandlung beinhalten, vielschichtig deuten. Nicht umsonst wies Wilhelm Stekel immer wieder auf die sich gerade in Träumen bekundende, unaufhebbare Beziehung zwischen Leben und Tod hin. »In der Regel«, schreibt Wilhelm von Siebenthal, »fällt es dem Menschen schwer, sich mit diesem ›Sterben‹ vertraut zu machen; er wehrt sich dagegen, will das keimende Neue nicht in sein Bewusstsein aufnehmen, denn es bedeutet oft eine Änderung oder gar Umkehr einer bisherigen Lebenseinstellung.«

Todesträume beinhalten manchmal auch ein Sich-loslösen-Wollen von einem Partner, sie bedeuten das Ende einer menschlichen Beziehung.

Zahlenträume

Der Traum, sagt Siebenthal, behandelt Zahlen wie Bilder; er verdichtet sie oder reiht sie aneinander. Die Zahlen sind allerdings sehr schwierig zu analysieren. C. G. Jung versuchte, sie geistesgeschichtlich zu erklären, ein Beispiel, dem im umfangreichen Traum-Abc dieses Buches in großen Zügen gefolgt wurde.

Die Bedeutung der Traumzahlen lässt sich nicht auf den ersten Blick erkennen, und manchmal muss sich der Deuter mit einer Gleichung von mehreren Unbekannten auseinander setzen. Denn bei den geträumten Zahlen kann es sich um Mengenangabe, Rechnungen, Ziffern oder Nummern handeln, um eine Hausnummer, eine Jahreszahl, ein Datum, eine Telefon- oder eine Bankkontonummer.

Das Unbewusste ruft uns mit der Zahl manchmal längst Vergessenes in Erinnerung, schließt aber auch auf Gegenwart und Zukunft. Das bewies Ernst Aeppli in einer Abhandlung über Zahlenträume; er schrieb: »In einem längeren Traum tauchte die Zahl 22 735 auf. Es war nun die Frage, was bedeutete die ganze Zahl, was bedeuten die einzelnen Ziffern dieser Zahl, welchen besonderen Sinn stellen sie zusammen? Im Kontext ergab sich, dass die Braut des Träumers 22, er selber 35 war. Die 7 könnte, meinte der Träumer, den heiligen verbindenden Ernst unserer

Liebe bezeichnen. Doch hatte er vor dieser Verbindung in einem Hause Nr. 7 gewohnt, und etwas von seinem Gefühl war dort geblieben, stand als 7 zwischen 22 und 35. 73 müsse auch etwas bedeuten; diese Zahl könnte mit einem älteren Verwandten zusammenhängen. Ebenso die 27 der inneren Zahl. Die Quersumme ergibt 19, auch sie kann alles Mögliche bedeuten. Der Träumer gibt an, mit 19 Jahren das Elternhaus verlassen zu haben, sozusagen selbstständig geworden zu sein. Steht er jetzt im Begriffe, auch selbstständig zu werden oder am Anfang eines eigenen Elternhauses?«

Farbenträume

Schon Johann Wolfgang von Goethe hat in seiner Farbenlehre die Wirkung verschiedener Farben auf das Gemüt erklärt. Mit Sicherheit haben bestimmte Farben auch im Traum eine wichtige Bedeutung. Bei C. G. Jung haben die Grundfarben psychische Grundfunktionen. So ist Rot die Farbe des Fühlens, der Leidenschaft, zugleich aber auch der Gefahr. Blau drückt Geistiges aus, es ist die Farbe des Denkens. Grün ordnet Jung dem Empfinden zu, es bedeutet Wachstum, vegetatives Leben. Gelb ist die Farbe der Intuition, Violett die der Buße. Braun bezeichnet das Erdhafte, Schwarz die Unbewusstheit. Sie gilt ebenso als negativ wie Weiß, die nicht nur die Farbe der Unschuld, sondern auch der Leere ist.

Je jünger ein Träumer ist, desto farbenfreudiger träumt er. Später verwischen sich dann die Farben, treten hinter dem plastischen Traumbild zurück. Farben erklären oft psychische Erlebnisse, die wesentliche Aussagen über den Seelenzustand des Träumers, aber auch über seine Gesundheit machen können. So berichtet der Schweizer Farbenpsychologe Max Lüscher über Untersuchungen von an Lungentuberkulose Erkrankten, es hätte sich bei diesen eine übereinstimmende gleichartige Abweichung gegenüber den durchschnittlichen Farbwahlen von Gesunden ergeben.

Anja Teillard hat in einem gescheiten Buch über die Traumsymbolik gleichfalls auf den Wert der Farben im Traum hingewiesen: »Ebenso wie Form, Zahl und Ton hat die Farbe psychische Entsprechungen, die trotz mancher Entstehungen im Lauf der Zeit dieselben geblieben sind. Jede Farbe scheint eine archetypische Einheit darzustellen. Man denke an die unendlich fein entwickelte Farbensymbolik der Chakras im indischen und chinesischen Yoga. Die Wandlung, die Veränderung des Menschen drückt sich auch in den Farben aus.«

Kinderträume

Schon der Säugling träumt, bevor er überhaupt sprechen kann. Ein Beweis mehr, dass die optischen Empfindungen im Traum überwiegen. Das bestätigte Professor Hans Winterstein, der dazu schrieb: »Die optischen Erlebnisse überwiegen an Häufigkeit und Umfang weitaus alle anderen. Das durch Gehörreize ausgelöste Traumerlebnis ist meist wieder optischer Natur, und nur relativ selten treten sie selbst als akustische Phänomene in den Trauminhalt ein. Hörträume sind anscheinend schwierig zu bewerkstelligen. Selten geht die geträumte Pistole los, am häufigsten ist noch Musik zu hören oder – in matter und nur unbestimmt als Gehörseindruck imponierender Form – die Sprache. Alle anderen Empfindungen, Geruch, Geschmack, Wärme, Kälte, Druck, Schmerz sind höchst selten im Traum.« Aber die seelischen Empfindungen, durch das Traumbild optisch dargestellt, sind anscheinend schon im frühesten Babyalter vorhanden.

Kinder träumen intensiver als Erwachsene, ihre Reise ins Traumland ist meist märchenhaft verbrämt. Oft werden ihre ganz persönlichen Wünsche im Traumbild dargestellt, das meist auf die engere Traumwelt beschränkt bleibt. Äußere Reize der Umwelt, Fernsehen, Straßenverkehr, aber auch Märchen, Sagen und spannende Kinderbücher bleiben nicht ohne Einfluss auf das Traumgeschehen. Sie schlagen sich in wahren Angstträumen nieder, die das Kind in Schweiß gebadet erwachen lassen. Nicht umsonst stehen zum Beispiel Verfolgungsträume an der Spitze kindlicher Traumbilder, gefolgt von Fallträumen.

Kinder träumen durchsichtiger, einfacher als Erwachsene. Ihre Seele ist noch nicht so belastet, die Lebenserfahrung hat sie noch nicht mitgenommen. Trotzdem glaubt Alfons Maeder, ein Schüler Jungs, dass in einigen Kindheitserinnerungen eine symbolische Voraussicht wichtiger Lebenserfahrungen zu sehen ist. Denn schon in der Kindheit werden manche Erlebnisse verdrängt – Beweis für jene Träume von Erwachsenen, in denen sich solche Erlebnisse plötzlich wieder verdichten.

Träume von Blinden

»Der Blinde sieht im Traum nur, wenn ihn die Blindheit sekundär, nachdem er bereits ein Unterscheidungsvermögen für Dinge entwickelt hatte, befallen hat, weil sich die Formen der äußerlich sichtbaren Dinge in all ihren verschiedenen Gattungen und Arten dann schon in seine Vorstellungskraft eingezeichnet haben ... Ist der Blinde aber blind geboren und hat er nie das Dasein und die im Dasein befindlichen sichtbaren Dinge gesehen, so kann er nur träumen, was er berührt und fühlt, z. B. dass er isst oder trinkt oder auf einem Pferd oder Esel sitzt oder einem andern feindlich gesinnt ist und dergleichen Erlebniszustände.«

Diese erstaunlichen Feststellungen über den Traum von blinden Menschen, die noch heute ihre Gültigkeit haben, traf in der ersten Hälfte des 14. Jahrhunderts der arabische Traumforscher Safadi. Wir können sie ergänzen durch moderne Forschungshinweise: Wer von Jugend auf blind ist, nimmt höchstens schattenhafte Umrisse der Traumgestalten wahr. Für ihn werden die optischen Eindrücke durch eine meist akustische Lautmalerei ersetzt. Blinde, die erst als Erwachsene das Augenlicht verloren, haben in den ersten Jahren ihrer Blindheit durchaus noch visuelle Wahrnehmungen im Traum, doch nehmen diese mit zunehmender Dauer ihres Zustandes allmählich ab, gleiten ins Schemenhafte, bis sie schließlich mehr und mehr durch akustische Eindrücke abgelöst werden, die bei sehenden Menschen im Traum ja nur schwach, oft sogar überhaupt nicht auftreten.

In ihren Träumen können sich Blinde meist viel freier entfalten als im Wachleben. Zwar erklärten blinde Versuchspersonen, auch im Traum hätten sie eine Begleitperson bei sich gehabt, die ihnen wie eine Souffleuse den Trauminhalt vorgesagt habe, aber sie hätten sich ohne Stock und Blindenhund frei in der Traumlandschaft bewegen können.

Blinde träumen zukunftsträchtiger als Menschen, die noch das Augenlicht besitzen. Hier sei nur an die blinden Seher im Altertum erinnert, die das Unbewusste aus ihrem Gefühl, aus ihrer Phantasie heraus ins Bewusste umsetzten und Schlüsse auf die Zukunft zogen.

Blinde erfassen auch viel leichter das Symbolische eines Traums als normal sehende Menschen. Für sie ist der Traum eine Brücke zur Welt, die sie wahrnehmen, aber nicht sehen können. Sie beschäftigen sich meist intensiver mit den Traumgeschichten und behalten sie länger in der Erinnerung, was zum Beispiel Traumforschern die experimentelle Arbeit sehr erleichtert.

Wahrträume

Von vielen Naturwissenschaftlern werden Wahrträume ins Reich der Fabel verwiesen, als okkult, medial, übersinnlich oder parapsychologisch abgetan. Trotzdem sind uns aus der Geschichte einige Wahrträume überliefert, die mit dem später eintreffenden

Geschehen wortwörtlich in entscheidenden Punkten übereinstimmen. Natürlich sind solche Wahrträume selten. Aber prophetische Träume sind nicht wegzuleugnen, auch wenn sie außerhalb der normalen Erfahrungen zu liegen scheinen. Beispiele solcher Träume beschrieb Dr. Wilhelm Moufang in seinem Buch »Mysterium der Träume«. Einer dieser Wahrträume erschien uns wegen seiner »Alltäglichkeit« besonders bemerkenswert:

»Als König Wilhelm I., der spätere deutsche Kaiser, im Sommer 1863 zur Kur in Karlsbad weilte – so erzählt sein Flügeladjudant Prinz Kraft zu Hohenlohe-Ingelfingen –, ging er allmorgendlich zum Sprudel, um kurgemäß seinen Becher Wasser zu trinken. Stets überreichte ihm ein hübsches junges Mädchen mit einem Strauß Blumen den Becher. Aber an einem Morgen stand statt des Mädchens ein alter Mann da und schenkte das Wasser aus. Der König stutzte und fragte nach dem jungen Mädchen; es wurde ihm erwidert, es sei krank. Ruhig nahm darauf der König seinen Becher und trank das Wasser aus. Dann sagte er jedoch zu seinem Adjudanten, er habe in der Nacht geträumt, das junge Mädchen fehle, und an seiner Stelle reiche ihm ein alter Mann einen Becher Wasser, das aber vergiftet sei. Er habe sich vor sich selbst geschämt, dass er gestutzt habe, als statt des Mädchens der alte Mann ihm den Becher reichte. Das Wasser war natürlich nicht vergiftet – aber der Traum hatte richtig die Ersetzung des Mädchens durch einen alten Mann vorhergesehen.« Es ist nicht Aufgabe dieses Buches, solche Wahrträume weiter zu untersuchen. Ihre prophetische Aussage kann nach Eintreffen des Ereignisses im Wachleben ohne weiteres von jedem Träumer selbst erkannt werden. Aber lassen Sie mich noch einen Traum aus meiner Jugendzeit beisteuern, der mir bis auf den heutigen Tag in Erinnerung geblieben ist:

Ich hing als Bub sehr an meiner Großmutter, die wir wegen ihrer Körpergröße »die kleine Oma« nannten. Sie war eine sehr lebenslustige, rundliche Person, die uns Kinder verwöhnte, wo sie nur konnte, obwohl sie mit einer kargen Rente auskommen musste. Eines Tages wurde unsere kleine Oma krank, magerte ab und wurde schließlich ins Krankenhaus eingeliefert. Befund der Ärzte: unheilbarer Magenkrebs. Meine Mutter besuchte die Kranke täglich, uns Kinder aber ließ sie nicht in die Klinik – wir sollten die kleine Oma so in Erinnerung behalten, wie wir sie unser ganzes Leben lang gekannt hatten. Ich wusste, dass sie bald sterben würde, hatte aber den Wunsch, sie noch einmal zu sehen. Eines Nachts träumte mir, ich stünde in der Küche meiner Großmutter. Auf dem Herd brutzelten Reibepfannkuchen, die das Lieblingsgericht meiner Oma waren. Als sie einen der goldgelben Pfannkuchen essen wollte, schrie ich ängstlich: »Die darfst du nicht essen, Oma, du hast's doch mit dem Magen.« Aber sie lächelte mich nur schelmisch von unten her an, wie sie es – ich war damals schon einen Kopf größer als sie – oft getan hatte, wenn sie in ihrer fröhlichen Art etwas aushecke. Dann sagte sie: »Du wirst sehen, ich kann jetzt wieder alles essen. Ich bin von meinem Leiden erlöst.« Und sie winkte mir zu, und dort, wo sie gestanden hatte, war nur noch der Schein des Herdfeuers, in dem die Holzscheite knisterten. Ich erwachte lächelnd und winkte noch sekundenlang mit der Hand in eine bestimmte Richtung. Ich schaute auf die Uhr: Es war 8 Uhr, wie ich später erfuhr, die Sterbestunde der kleinen Oma, die sich von mir im Traum verabschiedet hatte.

Vielleicht kramen Sie jetzt einmal selbst in Ihrer Erinnerung nach solch traumhaftem Erlebnis, das so einfach ins Wachleben übersetzt werden kann wie dieser Traum von der kleinen Oma. Nach Arthur Schopenhauer hat ja jeder Mensch ein »Traumorgan«, das auch Visionen und ein »Zweites Gesicht« widerspiegeln kann, und »dadurch ungewöhnliche Fähigkeiten, deren er sich jedoch nur selten bewusst ist«.

Wachträume

Vielleicht haben Sie auch einmal den seltsamen Vorgang erlebt, dass Sie einen Traum im wachen Zustand weiterträumen, wobei Sie nach kurzer Zeit wieder einschliefen und denselben Traum quasi in Fortsetzung weiterträumten. Möglicherweise haben Sie dabei das Traumspiel in der Wachheit korrigiert, praktisch Regie geführt wie in einem Theater. Und das Traumtheater hat Ihre Weisungen genau übernommen und im Schlaf das Traumbild in Ihrem Sinne verändert. Sie wussten in dem »Zwischenakt«, dass Sie aufgewacht waren und dennoch weiterträumten, dass die in Ihnen aufsteigenden Bilder Produkte Ihrer Phantasie waren.

Das ist der Punkt, in dem sich Schlafträume von Wachträumen unterscheiden: Die Wachtraumbilder werden im Gegensatz zu den Schlaftraumbildern als traumhaftes Geschehen erkannt. Die größere Helligkeit des Bewusstseins vermag die Traumhandlung zu steuern und willentlich zu unterbrechen.

Der Wachtraum liegt, wie Professor Wilhelm von Siebenthal vermerkte, dem Wachen näher als dem Schlaf. »Wachtraumfördernd wirken Einflüsse, die geeignet sind, die klare Helligkeit des Bewusstseins herabzumindern und in Richtung auf den Schlaf hin einzuwirken: Dämmerung, Dunkelheit, Mondlicht, einförmige, monotone, besonders rhythmische Geräusche (Wellen, Eisenbahnfahren, sanfte Musik, langweilige Vorträge) und vor allem Müdigkeit.«

Wachträume sind reine Wunschträume, die in die Zukunft gerichtet sind, sich aber trotzdem – weil wohl das Bewusstsein zugeschaltet ist – an das real Mögliche halten. Nach Professor Schultz-Hencke neigt gerade das Verdrängte in Wachträumen durchzubrechen, weshalb sie auch als Ersatz für die reale Triebbefriedigung auftreten können. Der Ausgangspunkt dieser Träume liegt mehr im Bewusstsein, das in diesem Zustand nicht ganz unter Kontrolle gebracht werden kann.

Reizträume

Wir wissen, dass der Schließmuskel der Augen im Schlaf fast jeden Lichtreiz abblendet. Schaltet nun zum Beispiel ein anderer in dem Zimmer, in dem wir schlafen, ein Licht an, kann dieses Licht durchaus auch durch die geschlossenen Lider an unseren Sehapparat weitergeleitet werden. Der Reiz der Helligkeit könnte sogar unseren Traum beeinflussen. Er könnte einen Blitz darstellen, der unsere Traumlandschaft erhellt, die Scheinwerfer eines Autos, die Jupiterlampen in einem Atelier. Auf das Traumgeschehen selbst haben äußere Reize jedoch nur wenig Einfluss, weil – wie Traumforscher feststellten – dieses Geschehen vorprogrammiert ist und nur geringe Änderungen aufnimmt.

Dagegen können organische Leibreize durchaus das Traumgeschehen beeinflussen. Schon im Altertum wurde festgestellt, dass ein opulentes Mahl vor dem Schlafengehen Alpträume nach sich ziehe. Diese Meinung hat sich bis in unsere Tage erhalten. Wir meinen, dass diese Alpträume trotzdem als Signal der Seele zu verstehen sind, die sich ja im besonderen Maße – wir werden es aus der Erklärung der Traumsymbole herauslesen können – auch um unser körperliches Wohl sorgt, das durch Völlerei aus dem Gleichgewicht gebracht werden kann.

Gewisse Reize aus dem Tagesgeschehen können in Traumbildern nachwirken. So unternahm der Physiologe Plötzl im Ersten Weltkrieg Experimente, die zunächst nicht allzu sehr beachtet wurden, heute aber in der modernen Werbung eine Rolle spielen. Plötzl führte gesunden Versuchspersonen figuren- und farbreiche Bilder in einer Zeitdauer von einer Hundertstelsekunde vor. Im Traum der auf das Experiment folgenden Nacht erschienen bei vielen der Versuchspersonen oft vor allem die Details der Bilder im Traum, die nicht bewusst wahrgenommen worden waren. Werbemanager in den USA haben viele Versuche in dieser Richtung gemacht: In Fernsehfilmen zum Beispiel lassen sie um Bruchteile von Sekunden den Namen eines bestimmten Produkts einschalten. Der vom Wachbewusstsein wegen seiner Kürze kaum wahrgenommene Reiz wird – wie wissenschaftlich erwiesen wurde – vom Unterbewusstsein aufgenommen und ins Traumgeschehen übersetzt. Ein äußerer Reiz kann also die Seele überreden, ihn in die Rahmenhandlung eines Traums aufzunehmen.

Solche Reize wirken zwar – wie wir gesehen haben – in den Traum hinein, beeinflussen aber die dramaturgische Gestaltung des Traums nur unwesentlich.

Die Traumdeutung und ihre Geschichte

Seit Menschengedenken versuchen kluge Köpfe, hinter den Sinn der Träume zu kommen. Die Ersten, die sich nach unserem Wissen ernsthaft, ja geradezu wissenschaftlich, mit der Ausdeutung von Träumen beschäftigten, waren die Chaldäer, die im Südwesten Babyloniens mehrere kleine Staaten gegründet hatten.

Die Kunst der Chaldäer, Träume zu deuten, war so groß, dass man später alle Traumdeuter aus dem babylonischen Raum als Chaldäer bezeichnete, wie es auch in der Bibel im Buch Daniel am Anfang des zweiten Kapitels nachzulesen ist: »Im zweiten Jahr des Reiches Nebukadnezars hatte Nebukadnezar einen Traum, davon er erschrak, dass er aufwachte. Und er hieß alle Sternseher und Weisen und Zauberer und Chaldäer zusammenfordern, dass sie dem König seinen Traum sagen sollten.« Aus diesem von Luther übersetzten Bibeltext kann man gleichzeitig ersehen, dass die Traumdeuter den Astrologen, Hellsehern und Wahrsagern gleich gesetzt waren, deren Sachgebiete damals noch als Wissenschaft galten.

Die älteste bekannte Traumdeutung enthält das babylonische Keilschriften-Epos »Gilgamesch«, das mindestens 4000 Jahre alt ist: In der Unterwelt begegnet der Titelheld dem Gott der Wassertiefe Ea, der ihm Träume schenkte, aus denen Gilgamesch die geheimsten Absichten der Götter deuten kann. Man kann daraus entnehmen, dass schon die alten Babylonier Zukunfts- und Wunschträume kannten, aber auch solche, die sich auf das Seelenleben der Menschen bezogen.

Die Assyrer scheinen den Babyloniern in der Traumauslegung nicht nachgestanden zu haben, wie aus den Keilschrifttontafeln des Königs Assurbanipal hervorgeht. Sie richteten wie die Babylonier ihr Leben nach den Träumen aus: Der Traumdeuter war ein mächtiger Mann im Staate, gewissermaßen Gottes Stimme, und genoss hohes Ansehen.

Die Ägypter, von der Kunst der Babylonier sehr angetan, machten daraus gar einen Kult: Im Traum wurde der göttliche Wille weitergegeben an die Menschen, die guten Weisungen kamen vom guten Gott Horus, die schlechten vom bösen Gott Seth. Gottlose wurden natürlich nur von bösen Träumen heimgesucht, die Frommen von guten. Der Traum war auch Mittler zwischen dem Diesseits und dem Jenseits. Wer sich hilflos sah, suchte im 2. Jahrhundert v. Chr. den Rat der Götter im Sarapistempel zu Memphis, wo er in einer Art Heilschlaf die Träume fand, die ihn mit Hilfe traumkundiger Priester aus seiner augenblicklichen Misere befreien sollten. Ein ähnlicher Kult wurde – wie bereits erwähnt – im alten Griechenland in den Tempeln des Heilgottes Asklepios betrieben.

Der Zahntraum des Pharao

Die Priester verdienten mit ihren Traumdeutungen eine Menge Geld. Manche nutzten das so aus, dass sie die Träume von reichen oder mächtigen Menschen in jedem Fall positiv auslegten. Überliefert ist der Traum eines Pharao, in dem diesem alle Zähne ausgefallen waren. Der Pharao ließ einen Traumdeuter kommen, der ihm wahrheitsgemäß sagte, großes Unheil stehe ihm bevor. Das passte dem ägyptischen Herrscher nun gar nicht, weshalb er den Traumdeuter töten ließ. Ein anderer Traumdeuter aber, der dem Pharao aus dem Zahntraum ein langes Leben gelesen hatte, wurde reichlich mit Gold belohnt.

Chinesen und Inder beachteten schon früh die Kraft der Träume. In einem Liederbuch »Schi-King«, das um 1100 v. Chr. erschien, wurde bereits versucht, Träume zu deuten. Geradezu modern mutet an, was im 8. Jahrhundert n. Chr. in einem chinesischen Traumbuch als Begründung für menschliches Träumen geschrieben steht: »Die Seele tritt aus und wandelt umher.«

In Indien wurden Träume zumeist im Sinn der Vergeltung von guten und bösen Taten gewertet. Indische Traumforscher entwickelten ihre Deutungen durchaus wissenschaftlich; einige Traumbücher zeugen von dem hohen Stand ihrer Erkenntnisse, besonders auch die Schrift »Jagaddeva«, aus der einige kurze Beispiele in unserem Traum-Abc erwähnt werden.

Platon: seherische Kraft der Seele

In Europa waren die Griechen die Ersten, die Träume für eine Botschaft der Götter hielten. In Homers »Ilias« wird zum Beispiel an Achilles die Aufforderung gerichtet, sich zur Bezwingung der Pest an einen Seher oder Traumdeuter zu wenden, denn die Träume kämen von Gott. Platon (427–347 v. Chr.) sprach von der seherischen Kraft der Seele, die aus dem Traum spreche. In dieser Meinung wurde der griechische Philosoph wohl noch dadurch bestärkt, dass sein Lehrer Sokrates im Traum seinen eigenen Tod vorhergesehen hat. Platon spricht auch schon von göttlichen Offenbarungs- und physiologischen Begierdeträumen. Im Traum könne der im Wachleben fromme Mensch zum Verbrecher werden, ohne Scheu oder Reue die schändlichsten Delikte verüben, zu denen er im Wachleben nicht fähig wäre. Er war der Meinung, dass schlechte Menschen in Wirklichkeit tun, was gute nur träumen.

Aristoteles (384–322 v. Chr.) hat schon den psychologischen Charakter des Traumes erkannt. Der Traum sei keine göttliche Sendung, sondern ein Seelenleben im Schlaf. Aristoteles lehnte die Behauptung, die Götter könnten im Traum Zukünftiges vorhersagen, strikt ab; lediglich Krankheiten könnten sich im Traum ankündigen, lange bevor man erkranken würde.

Hippokrates (460–377 v. Chr.) wandte sich dem Traum mit ärztlichem Interesse zu. Er behauptete, solange Träume Erlebnisse richtig darstellen würden, sei der Mensch gesund; würden die Träume sie verwirrend oder entstellt wiedergeben, lägen gesundheitliche Störungen vor. Je schlimmer die Entstellungen wären, desto schneller müsse man den Träumer behandeln. Hippokrates verordnete in diesem Fall neben einer Diät Schwitzkuren und viel Bewegung; auch Erbrechen könne helfen. Interessant ist die Rezeptur des Hippokrates für den Fall, dass ein Patient im Traum viel gegessen und getrunken hatte; dann half nach Meinung des altgriechischen Arztes nur eine Ess- und Trinkkur, damit der Patient auch im Wachleben das bekomme, was ihm der Traum verordnete.

Aus diesen Beispielen ersieht man, dass Hippokrates einer der ersten Ärzte war, der aus der Traumdiagnose eine Therapie für die Gesundung des Menschen ableitete. Von großer Bedeutung selbst für die heutige Traumforschung ist das Material, das der Grieche Artemidoros aus Daldis im 2. Jahrhundert n. Chr. gesammelt hat und in seinem fünfbändigen Werk »Oneirokritikon« niederlegte. Artemidoros schreibt in der Einleitung, das Traumgesicht sei »eine Bewegung oder ein vielgestaltiges Bilden der Seele, das die bevorstehenden guten oder bösen Dinge« andeute. Man müsse »die Charaktereigenschaften der Menschen vorher« (also vor der Deutung) prüfen, »um nicht einen Fehltritt zu tun«. Man sieht, dass dieser Artemidoros ein recht guter Psychologe war, was auch aus seinen Deutungen hervorgeht, von denen einige im Traum-Abc berücksichtigt wurden. Immerhin finden sich schon bei Freud, Stekel und anderen Symbol-Deutungen, die Artemidoros bereits 17 Jahrhunderte früher gefunden hatte.

Göttliche Sendung oder Aberglaube?

Artemidoros behauptete, Apollon selbst habe ihn veranlasst, Träume zu sammeln.

Er glaubte an die göttliche Sendung des Traumes ebenso wie das Volk der Bibel, in der einige Träume Teil des göttlichen Heilsplans sind. Auch der Koran kommt nicht ohne solche Traumerzählungen aus, weshalb sich gelehrte und gläubige Araber im Mittelalter daranmachten, Traummaterial zu sammeln, wobei sie auch indische, ägyptische und griechische Quellen nicht verachteten. Jahrhundertelang hielten sich die arabischen Traumbücher in vielen Übersetzungen und noch mehr Verfälschungen auf dem Markt und spielen noch in unseren Tagen in weniger kritischen Traumbüchern eine hervorragende Rolle. Einige arabische Deutungen sind im Traum-Abc erwähnt, von deren Ernsthaftigkeit wir überzeugt sind.

Bis zum Ende des 19. Jahrhunderts gab es, wie schon gesagt, nur wenige Versuche, die Erforschung der Träume voranzutreiben.

So wurden im 18. Jahrhundert, also im Zeitalter der so genannten Aufklärung, Träume als Ausdruck eines dunklen und verworrenen Seelenlebens abgewertet – wie es schien, zu Recht. Erst die Romantik pries sie wieder als Offenbarung der Wirklichkeit des Unbewussten. Gerade dieser Epoche des 19. Jahrhunderts, die das Gefühl neu entdeckte und vor überspitzter Intellektualität rettete, verdanken wir, dass das Tor zur Bilderwelt des Traums und seiner Symbole weit aufgestoßen wurde.

Zwar wurde es in der zweiten Hälfte des vorigen Jahrhunderts von materialistisch-mechanisch Denkenden beinahe wieder zugeschlagen, aber das Interesse war geweckt, auch wenn C. Binz in seinem Werk »Über den Traum« 1878 zu dem Schluss kommt: »Alle Tatsachen ... drängen dahin, den Traum als einen körperlichen, in allen Fällen unnützen, in vielen Fällen geradezu krankhaften Vorgang zu kennzeichnen«. Binz gehörte zu jenen fortschrittlichen Wissenschaftlern, die das Maschinenzeitalter hervorbrachte und die alles Sein im Stofflichen, in der Materie suchten. Für sie waren die Empfindungen des Unbewussten im Traum nichts anderes als eine Funktion des Gehirns, die anatomisch-physiologisch zu erklären war. Die geistige Deutung überließen sie den Romantikern, Dichtern und Wahrsagern; sie war in ihren Augen naturwissenschaftlich nicht zu halten.

Freuds wissenschaftliches Wagnis

Man kann sich vorstellen, dass der Arzt Sigmund Freud (1856–1939) seinen Ruf als anerkannter Naturwissenschaftler aufs Spiel setzte, als er seine Methode der Traumdeutung veröffentlichte. Er stieß mit seiner Psychoanalyse in ein Niemandsland vor, das er damit für ein Heer von Wissenschaftlern öffnete, die auf seinen Erkenntnissen aufbauten.

Sein berühmtes Werk »Die Traumdeutung«, das im Jahre 1900 erschien, begann Freud mit den stolzen Sätzen: »Auf den folgenden Blättern werde ich den Nachweis erbringen, dass es eine psychologische Technik gibt, welche gestattet, Träume zu deuten, und dass bei Anwendung dieses Verfahrens jeder Traum sich als ein sinnvolles psychisches Gebilde herausstellt, welches an angebbarer Stelle in das seelische Treiben des Wachens einzureihen ist. Ich werde ferner versuchen, die Vorgänge klarzulegen, von denen die Fremdartigkeit und Unkenntlichkeit des Traumes herrührt, und aus ihnen einen Rückschluss auf die Natur der psychischen Kräfte ziehen, aus deren Zusammen- oder Gegeneinanderwirken der Traum hervorgeht.«

Sigmund Freud, der den Traum einmal die »Via regia ins Unbewusste« nannte, sah im Menschen eine Art »Triebwesen«, das den Wunsch nach Befriedigung seiner Triebe habe. Die Gesellschaft hemme diese Wünsche, die Seele aber übernehme sie in die Traumwelt, in der sich ungestört Lustgewinne erzielen ließen. Der Traum erfülle also in manchmal verklausulierter Form verdrängte Wünsche aus dem Wachleben. Freud versuchte, den manifesten (erlebten) Trauminhalt auf die latente (im Unbewussten verborgene) Gedankenwelt zurückzuführen. Der Trauminhalt, so argumentierte er, sei eine Entstellung der latenten Wunschgedanken, die vom Bewusstsein verdrängt worden waren.

»Der Traum«, schrieb Freud, »stellt einen gewissen Sachverhalt so dar, wie ich ihn wünschen möchte; sein Inhalt ist eine Wunscherfüllung, sein Motiv – der Wunsch.« Der Psychoanalytiker habe die Aufgabe, hinter die Unbewussten Inhalte eines Traums zu kommen, die nur darum »maskiert« oder hinter Symbolen versteckt seien, weil das Bewusstsein des Menschen in den Traum hinein eine gewisse moralische Zensur ausübe, die den Sinn eines Traumes verschleiern wolle. Der Psychoanalytiker müsse durch Deutung der Symbole den eigentlichen Trauminhalt bewusst werden lassen, um von daher seelische Störungen beseitigen zu können.

Freud nahm nicht in allem an, dass verdrängte Sexualerlebnisse vorrangig an seelischen Störungen schuld seien. Auch alltägliche Ereignisse könnten diese hervorrufen. Aber die Überbetonung des Sexuellen durch Freud hat manchen seiner Schüler und Anhänger veranlasst, die meisten Traumsymbole den triebhaften Wünschen der Träumenden zuzuschreiben. Wer im Traume ritt, kletterte, tanzte, flog, stieg, fuhr, frönte nach ihrer Meinung einem Geschlechtsakt, den er im Wachleben aus gesellschaftlich-moralischen Gründen verdrängen müsse. Und es ist nicht von der Hand zu weisen, dass die Kritiker Freuds in gewisser Weise Recht haben mit ihrer Behauptung, die Psychoanalyse sei ja eigentlich überflüssig, wenn die Wunschvorstellungen der Menschen bereits im Traum erfüllt würden.

Das Verdienst Freuds aber bleibt unumstritten, »der Traumforschung« – wie C. G. Jung schrieb – »auf die Spur geholfen« zu haben. »Er hat vor allem erkannt, dass wir ohne den Träumer keine Deutung vornehmen können.« Unbestritten bleibt auch Freuds Ausspruch bei Anhängern wie Kritikern: »In der Tat rührt das meiste und Beste, was wir von den Vorgängen in den Unbewussten Seelenschichten wissen, aus der Deutung der Träume her.« Die Sexualsymbolik ist von den Anhängern Freuds leidenschaftlich vertreten worden. Einer der Schüler Freuds, Wilhelm Stekel, erweiterte sie in umfangreichen Werken, die aber von Sigmund Freud selbst als teilweise nicht wissenschaftlich abgetan wurden. Stekel hat unendlich viele Begriffe als Sexualsymbole gedeutet. Freud warf ihm vor, er habe sich zu sehr in Verallgemeinerungen und

Überspitzungen ausgelassen, was ihn freilich nicht hinderte, einige der Stekel vorgeworfenen Fehler selbst zu begehen.

Auch Alfred Adler (1870–1937) war Schüler Freuds. Er trieb aber seine Forschungen in eine andere Richtung voran, aus der sich später die Individualpsychologie entwickelte. Er stellte statt des Sexualtriebs den Machttrieb in den Mittelpunkt seiner Überlegungen. Jeder Mensch, behauptete er, strebe zur Macht. Dieser fortgesetzte Wille zur Macht sei Inhalt des Lebenskampfes. Macht- und Geltungstrieb seien gewissermaßen die Leitlinien der Seele, die sich durch die Minderwertigkeitsgefühle schon in der Kindheit ergeben würden. Der Mensch versuche, Minderwertigkeiten durch den Willen zur Macht zu kompensieren. Wo dies gelinge, komme es zu einem Ausgleich oder auch zu einer Überkompensation; wem die Kompensation nicht gelinge, der würde am Leben scheitern. Der Traum habe mit anderen Worten die kompensatorische Kraft, die Minderwertigkeitsgefühle, aber auch Benachteiligungen im Wachleben abreagiere. Dabei gestand Alfred Adler dem Traum durchaus eine vorausdenkende Tendenz zu.

Adler presste wie Freud die Funktion des Traumes in ein Korsett. Beide huldigten bei der Traumdeutung einer Verdrängungstheorie, die sich bei Freud im Sexuell-Triebhaften, bei Adler in einem Streben nach Macht äußert.

C. G. Jung: Das Bild ist Seele!

Der große Schweizer Psychologe und Psychiater Carl Gustav Jung (1875–1961), wie Adler ein Schüler Freuds, sah das Traumgeschehen aus einer ganz anderen Sicht: Er kam durch seine Arbeit als Wissenschaftler und Psychotherapeut zu der Erkenntnis, dass das Unbewusste die primäre und schöpferische Kraft der menschlichen Seele sei.

Das Bild steht nach Jung im Mittelpunkt des Traums, im Bildlichen sei das Symbolische bereits enthalten. Träume seien der gangbarste Weg, um Seelisches festzustellen. Dazu sagt Jung selbst: »Sosehr sich die Träume auf ein bestimmt geartetes Bewusstsein und auf eine bestimmte seelische Situation beziehen, so tief liegen ihre Wurzeln in dem unerkennbar dunklen Hintergrund des Bewusstseinsphänomens. Wir nennen diesen Hintergrund aus Ermangelung eines bezeichnenderen Ausdruckes das Unbewusste. Wir kennen sein Wesen an und für sich nicht, sondern beobachten nur gewisse Auswirkungen, aus deren Beschaffenheit wir gewisse Rückschlüsse auf die Natur der Unbewussten Psyche wagen. Weil der Traum eine ungemein häufige und normale Äußerung der Unbewussten Psyche ist, liefert er das meiste Erfahrungsmaterial zur Erforschung des Unbewussten. Da nun der Sinn der meisten Träume nicht mit den Tendenzen des Bewusstseins zusammenfällt, sondern eigentümliche Abweichungen aufweist, müssen wir annehmen, dass das Unbewusste ... eine selbstständige Funktion hat. Ich bezeichne dies als die Autonomie des Unbewussten. Der Traum gehorcht nicht nur nicht unserem Willen, sondern stellt sich sogar häufig in grellen Gegensatz zu den Absichten des Bewusstseins.« Was die Gestalt der Träume angehe, argumentiert Jung, finde sich schlechterdings alles, vom blitzartigen Eindruck bis zum unendlich langen Traumgespinst. In einer großen Zahl durchschnittlicher Träume finde sich eine gewisse Struktur, die der eines Dramas nicht unähnlich sei. Der Traum könne Menschen peinlichst bloßstellen, sie aber auch in anscheinend wohlwollendster Weise moralisch stützen.

Das Träumen als Äußerung des Unbewussten kann nach Jung Wege aufzeigen, die menschliche Psyche zu heilen; denn das Unbewusste ist eine Kraft, die stärker in unser Schicksal hineinwirkt, als wir für gewöhnlich annehmen. Während die Traumdeutung bei Freud nach einer verursachenden Triebsituation sucht, betont Jung die Bedeutung des Traums für die Selbstdarstellung des Menschen, bei dem die Funktionen des Bewusstseins durch das »persönliche Unbewusste« und das »kollektive Unbewusste« bestimmt werden. Die Symbole des kollektiven Unbewussten seien Archetypen, die von vielen Menschen geträumt würden.

Der Traum auf dem Bildschirm?

Die Traumlehre Jungs hat viele Anhänger und Schüler gefunden, die sein Werk wissenschaftlich erhärteten und teilweise noch vertieften. Aber alle Traumforschung, darüber sind wir uns im Klaren, wird in ihren Deutungsversuchen subjektiv bleiben. Man kann zwar das Unbewusste heute bereits durch Umsetzung von Traumsymbolen bewusst machen und psychotherapeutisch verwerten; letzte Einzelheiten aber behält das, was wir Seele nennen, für sich zurück. Wir können unsere Folgerungen aus dem Unbewussten ziehen, aber der Schlüssel zum innersten Geheimnis der Schöpfung ist noch lange nicht gefunden.

Vielleicht ist die objektive Methode zur Untersuchung des Schlafs und seiner Traumphasen des amerikanischen Psychiaters William Dement, über die wir bereits ausführlich berichteten, der erste Schritt, dem Geheimnis auch im experimentellen Bereich näher zu kommen. Denn wenn wir um die Schaltzentrale der Träume im menschlichen Gehirn wissen, die elektrische Impulse im Schlaf ausschickt, um phantastische Traumbilder aus dem Unbewussten dem Schlafenden sichtbar zu machen, dann müsste es doch eigentlich auch durchaus möglich sein, diese Bilder eines Tages auf dem Fernsehschirm zu zeigen.

Dem Psychotherapeuten wäre eine solche Methode mehr als hilfreich, denn die subjektive Traumschilderung könnte entfallen, der Patient bräuchte nur ein Aufzeichnungsgerät an sein Gehirn anzuschließen und die Aufzeichnung in die Arztpraxis mitzubringen. Eine wahrlich phantastische Zukunftsvision!

Das ABC der Träume

Noch können wir nicht via Fernsehschirm unsere Träume aufzeichnen. Für uns bleibt ein Notizbuch, das wir neben uns auf den Nachttisch legen, um dort die sich so schnell verflüchtigenden Traumbilder einzutragen, sobald wir aufgewacht sind. Das ist nahezu die einzige Möglichkeit, den Trauminhalt bis zum Aufstehen nicht zu vergessen und in seinen Einzelheiten für eine Deutung zu erhalten.

Dazu dient ein umfangreiches Traum-Abc, das nach den aktuellsten Erkenntnissen der Tiefenpsychologie zusammengestellt wurde, unter Berücksichtigung einiger Symboldeutungen aus dem Altertum. Dass dabei auch parapsychologische Inhalte anklingen, war kaum zu vermeiden.

Was nicht in dieses Abc einzubringen war, sind die persönlichen Bezüge, die jeder für sich selbst herstellen müsste.

A

Aal: Mehr Schlange als Fisch, deutet auf etwas Aalglattes hin, auf Ränkespiele, die uns bedrohen. Fangen wir ihn oder ziehen wir ihn an Land, so werden wir Schwierigkeiten meistern.
Aas, Tierleiche finden oder sehen: Man hat Schweres oder einen nicht sehr erfolgreichen Lebensabschnitt hinter sich gebracht.
Abbruch eines Hauses sehen: Man hat Angst, dass die eigene Persönlichkeit angekratzt werden könnte. Selbst daran teilnehmen: Man bemüht sich, eine seelische Schwierigkeit zu überwinden. A. eines baufälligen Hauses: Überwindung einer psychischen Krankheit durch eigene Kraft und eigenen Antrieb.
Abend: Übersetzt oft der Lebensabend, eine zur Neige gehende Zeit.

Abendessen: Kann bei älteren Leuten auf einen glücklichen Lebensabend hinweisen. Bei jüngeren: Man hat eine Arbeit abgeschlossen und will nun die Früchte seiner Leistung ernten. Auch Vorbote dafür, dass ruhigeres Fahrwasser in Sicht ist.
Abendkleidung tragen: Eine Zusammenkunft steht bevor; man achte auf die Farbe der Kleidung, um zu deuten, ob es sich um ein fröhliches oder trauriges Ereignis handelt. Andere in A. sehen: Man fürchtet einen Nebenbuhler oder Konkurrenten.
Abendmahl in der Kirche nehmen: Man möchte einen Schuldkomplex loswerden.
Abendrot: Auch im Traum »gut Wetter Bot«, also Wunscherfüllung, Liebesglück, möglicherweise auch finanzielle Besserstellung.
Abfälle wegwerfen: Seelische Erleichterung, man wirft etwas weg, um Sorgen loszuwerden. A. sehen: Gegner können uns nichts anhaben; auch lästige Gedanken, die man ausradieren möchte. Abführmittel: Schädliches aus dem Körper, übersetzt die Seele Bedrückendes ausscheiden, sich um eine Besserung der verfahrenen Lage bemühen.
Abgrund: Sich davor abwenden: vor den Tatsachen die Augen verschließen. In den A. hinuntersteigen: Man sucht den Grund für eine scheinbar aussichtslose Lage zu finden und wird sie überwinden. In einen A. sehen: Man sieht kommenden Gefahren tapfer entgegen. In einen A. stürzen: Psychischer Kummer steht ins Haus. Wer in einen A. fällt, sagten schon die alten Ägypter, muss mit Geschäftsverlusten rechnen.
Abhang: Siehe Abgrund. Je steiler er ist, desto eher wird die negative Deutung zutreffen.
Abmagern warnt immer vor etwas. Selbst a.: Man steigert sich überflüssigerweise in Überheblichkeit und Hochmut, der ja leicht »vor dem Fall kommt«. Andere abgemagert sehen: Man erhofft Erfolge auf Kosten seiner Mitmenschen.
Abort: Siehe Toilette.
Absatz vom Schuh verlieren: Man will unnötige Ausgaben machen, der Besitzstand ist bedroht.

Abschied: A. nehmen bedeutet meist eine Umstellung im Leben. A. von den Eltern verheißt die Wandlung zu größerer Selbstständigkeit. A. von einem Freund oder von einer Freundin: Man will die Treue prüfen, in einem Verhältnis Abstand von dem bisher vielleicht sturen Alltagstrott gewinnen.
Abschneiden eines Brotes oder eines anderen Gegenstandes: Man wird nicht allzu gut abschneiden.
Abwaschen: Man will sich von irgendeinem Makel befreien. Küchenabwasch bedeutet daraufhin, dass man die Dinge nicht so recht in den Griff bekommt (nasses Geschirr ist ja bekanntlich sehr glatt!).
Achse eines Wagens, die gebrochen ist: Man hat einen Knick in der Leitung, die Geschäfte gehen schlechter. Ist die A. in Ordnung und läuft sie ruhig, wird auch der Geschäftsgang ruhiger sein, aber nicht ganz erfolglos.
Acht: Diese Zahl hat oft den Sinn von Acht geben, von Achtung, jedoch in positivem Sinn. Sie stellt Recht und Gerechtigkeit dar, Ursache und Wirkung. Die horizontal gelegte 8 ist das Zeichen der Unendlichkeit, der Überwindung des Todes.
Acker: Das Symbol der Fruchtbarkeit, des Schoßes der Mutter Erde. A. bearbeiten: Man wird in der Liebe zum Ziele kommen. Einen A. besitzen: Man sollte sich auf eine einzige Frau (oder Mann) konzentrieren und ihr (ihm) sexuelle Liebe schenken. Ist der A. blühend und voller Frucht, deutet das auf Lebenserfolg, ist er öde, auf Missgeschick und Misserfolg hin, auf Gefahren, vor denen man sich schützen sollte.
Adern heraustreten sehen: Man sollte auf seinen Kreislauf achten.
Adler: Der Herr der Lüfte ist positiv zu deuten als Losgelöstheit von geistigen Gefühlen, die Beschwingtheit großer Gedanken, oft aber auch als die verzehrende Leidenschaftlichkeit des Geistes, die uns den Alltag zur Qual macht. Wer einen A. fängt, der heimst Erfolge ein; wer ihn ganz oben am Himmel fliegen sieht, der hat hochfliegende Pläne, die in Erfüllung gehen können. Ein in einen Käfig eingesperrter A. kündigt Schmach oder familiäres Unheil

an, ein zur Erde stürzender, dass man vielleicht zu viel wagen will.

Affe: Der Schatten unseres Ichs, die Karikatur unseres Selbst. Übersetzt: Man hat Angst, dass uns unsere Mitmenschen schlechter einschätzen könnten, als wir selber sind. Von einem A. gebissen zu werden heißt, dass Schmeichler versuchen, uns zu übertölpeln. Der Traumaffe hat in unseren Breiten nichts mehr von jenem Tier in indischen Traumdeutungen, in denen es als heilig galt.

Ahle, damit Schuhe flicken: Man überdeckt notdürftig einen seelischen Notzustand. Sich mit einer A. verletzen: Ein Verlust ist in Sicht, oft auch nur eine seelische Beklemmung, die zu lösen ist.

Ähren, wenn sie im Sommerwind wogen: ein Zeichen der Reife, des sich Loslösens von einer (schlechten) Gewohnheit. Übersetzt: Mit einer neuen Einstellung zum Leben neue Freunde gewinnen.

Aktien anlegen: Man sucht Sicherheit in einer heiklen Lage. A. vernichten oder verkaufen: Man will sich nicht auf falsche Freunde oder Ratgeber verlassen.

Alter: Die alte Frau am Wege ist das Symbol des uralten mütterlichen Lebens, das am Schicksalsfaden spinnt. Ein alter Mann deutet an, dass die Seele des Träumers in der Nähe einer großen, reinigenden Kraft ist. In der Gestalt einer Hexe, eines Quälers oder Querulanten: das Bösartige in uns selbst, das wir überwinden sollten. Seltener ist der Hinweis in Träumen auf bösartige ältere Leute aus unserer Umwelt. Sich selbst alt sehen, obwohl man noch jung ist: Ein Reifeprozess hat seinen Abschluss gefunden.

Amboss: Wenn andere darauf hämmern: Man will uns gefügig machen, auf einen nicht sehr günstigen Weg locken. A. selbst bearbeiten: Man will etwas aus seiner Seele verdrängen, das den Lebensweg verbaut.

Ameisen am eigenen Körper spüren: Irgendetwas macht einen kribbelig, große Pläne, die durchführungsreif sind; oft aber sind A. auch nur ein Hinweis zur Selbstbesinnung auf den eigenen Fleiß.

Ameisenhaufen zerstören: Man hat Sorgen, dass die eigene Tüchtigkeit von der Umwelt nicht genügend anerkannt werden könnte.
Amme, die ein Kind säugt: Bei Frauen der verdrängte Wunsch zur eigenen Mutterschaft, bei Männern das Wissen darum, dass man es aus eigener Kraft nicht schaffen kann.
Amsel sehen oder singen hören: Man erhält eine gute Nachricht.
Amt besuchen: Man will sich mit jemandem anlegen. A. selbst bekleiden: Man möchte hoch hinaus, sollte aber lieber auf dem Boden der Tatsachen bleiben.
Angeln: Man sollte die Geduld nicht verlieren. Wenn etwas anbeißt: Günstige Wendung in Sicht. A. auf dem Trockenen: Man verschwendet seine Zeit an Nutzloses.
Angst haben, heißt nach den alten Ägyptern, dass man mit sich selbst nicht ganz zufrieden ist; in der Tiefenpsychologie deutet es auf Fehler hin, die man gern ungeschehen machen möchte. Der Angstschrei im Traum ist demnach ein schwerer Fehler, dessen Wiedergutmachung durch Eigeninitiative erfolgen muss.
Anker, wenn er ausgeworfen wird: Der Rettungsanker, der hoffen lässt. Wird der A. aufgezogen, schwindet eine Hoffnung dahin, wird irgendeine Veränderung im Leben zu unseren Ungunsten ausfallen.
Anklage: Das Gefühl, etwas falsch gemacht zu haben. Wer selbst angeklagt ist, tut gut daran, seinen Lebensrhythmus zu ändern, zu überlegen, wie er sich und seine Umweltbeziehungen bessern kann. Ist im Traum ein anderer angeklagt, so kann das ein Unrecht beweisen, das wir einem anderen angetan haben oder antun wollen.
Ankleiden: Andere Kleidung anlegen, bedeutet den Willen zu einem sicheren Auftreten in der Gesellschaft; man möchte auf andere Menschen vorteilhaft wirken. Andere a.: der Wille zu freundschaftlicher Hilfe.
Anstreichen: Man will etwas Unvorteilhaftes überpinseln (hier kommt es sehr auf die Farbe an, mit der man anstreicht).

Apfel: Nach C. G. Jung Sinnbild des Lebens. In leuchtendem Rot ein Liebeszeichen, zwischen Rot und Grün das kraftvolle Leben. Wird der A. gegessen, deutet das auf Liebesbeziehungen zwischen Mann und Frau hin. Ist der A. wurmstichig, kommen Zweifel auf, nagt also am Eros der Wurm. Faule Äpfel lassen eine Liebesbeziehung in Frage stellen. Artemidoros macht noch den Unterschied zwischen süß (Liebesgenuss) und sauer (»In einen sauren Apfel beißen«).

Apotheke: Ein Warnzeichen, dass man mehr auf die Gesundheit achten sollte.

Ärger haben: Man wird sich vor Unannehmlichkeiten hüten müssen. Ärgert man andere, bedeutet das Freude, die allerdings mehr an Schadenfreude erinnert.

Arme: Kräftige A.: Freude an der Arbeit, die zum Erfolg wird. Zu kurz geratene A. deuten auf Mutlosigkeit hin, zu lange auf Alltagsbelastungen. Schwache oder dünne A. verraten eine gewisse Hilflosigkeit gegenüber dem augenblicklichen Tagesgeschehen, nackte A. Erfolg bei der Arbeit, behaarte A. Geldzuwachs. Gebrochene A. warnen den Träumer vor Verlusten oder Streitigkeiten.

Arzt: Sein Auftreten hängt mit der Diagnose unserer Seele zusammen, dass irgendetwas in uns krank sein muss, das geheilt werden sollte. Die heilende Funktion der Seele will ins Bewusste hinein wirken und helfen, krankhafte Konfliktstoffe zu beseitigen, unser Leben wirkungsvoll neu zu überdenken.

Asche: Deutet immer auf den Abschluss einer Angelegenheit hin. Man hat etwas verbrannt und steigt gewissermaßen wie ein Phönix aus der A.

Astern: Die Blumen des Herbstes, des Lebensherbstes. Weiße legt man auf ein frisches Grab, bunte pflückt man für eine späte Liebe.

Attentat sehen: Aufregendes steht bevor.

Aufstehen: Man will sich aufrichten, seinen Mann stehen. Man steht aus dem Bett auf und beginnt fröhlich den Tag. Im Aufstehen spiegelt die Seele die eigene Tatkraft ins bewusste Leben.

Aufsteigen auf ein Dach: Man benutzt seinen Kopf, um einen Aufstieg im Leben verwirklichen zu können. Auf einen Berg steigen besagt demnach, dass man den Aufstieg in eine höhere Etage des Lebens nur mit einiger Mühe erreichen wird. Ist der Berg zu steil, kann das auf das Misslingen eines Planes oder einer eben begonnenen Arbeit hinweisen, so dass man seine Kraft besser an eine andere verschwendet, die leichter zum Erfolg führen wird.

Augen: Organ des Lichts, der Bewusstheit, aus der nach der ägyptischen Mythologie die Welt entstand. Der Spiegel der Seele, als empfangendes Organ weiblich, als »blitzeschleuderndes«, scharf sehendes, phallisch-männlich. Augenträume erfassen das Da-Sein und unsere innere Einstellung dazu. Blindwerden deutet auf geistige Blindheit, Sehen auf das klare Erkennen einer bestimmten Lage, Schielen auf eine Fehleinschätzung hin. Man versuche, sich auch an die Farbe der Traumaugen zu erinnern.

Ausreißer sein: Man will sich von irgendetwas freimachen, um mit eigener Kraft zum Erfolg zu kommen. Vor seinen Schulden ausreißen: Der damit erreichte Erfolg ist nur sehr kurzlebig.

Ausruhen: A. vor irgendeiner Tätigkeit hat mit einem Schwächezustand zu tun, der psychisch oder physisch unsere Kräfte lähmen kann.

Ausschlag haben: Ein Warnzeichen des Unbewussten, dass etwas in Ordnung gebracht werden muss; das können brennende private Probleme, manchmal auch echte Krankheitssymptome sein.

Aussteigen: A. aus einem Fahrzeug lässt vermuten, dass wir auf unserem bisherigen Lebensweg nicht mehr weiterfahren wollen, dass wir neue Kraft finden werden, unser Leben radikal zu ändern.

Austern: Eine Nachricht, die aus den weiteren Traumsymbolen als gut oder schlecht erkannt werden kann.

Automat: Man möchte mehr Geld ausgeben, als man hat. Übersetzt ist also der A. Sinnbild des Leichtsinns.

Automobil: Das A. steht oft für das eigene Ich, das zu meistern ist. Wer damit gut vorankommt, wird auch im Leben gut vorwärts

kommen. Pannen deuten auf Hemmnisse hin, Verbotsschilder, die man übersieht, auf die Lebensangst, die man durch allzu forsches Auftreten überwinden möchte. Das Äußere des Autos kennzeichnet oft die Person des Träumers oder was er im Alltagsleben darstellen möchte. Sitzt er in einem besonders schicken fremden A., möchte er mehr scheinen, als er in Wirklichkeit ist. Bedient der Träumer das A. falsch, macht er auch manches im Wachzustand falsch. Viele Angstträume (man überfährt jemanden, die Bremsen funktionieren nicht) hängen mit dem A. zusammen; sie beweisen, dass unser Ich leicht angekratzt ist, dass wir unseren Lebensstil ändern sollten, um keine Verluste zu erleiden.
Axt benutzen: Man will mit Gewalt ein Ziel erreichen.

B

Baby: Symbol der unbewussten Sehnsucht nach Geborgenheit. Wer ein B. trägt, hat noch eine ganze Weile sein Päckchen zu tragen und erreicht gesteckte Ziele nur nach vielen Mühen. Ein B. stillen: Man sollte seine Pflicht erfüllen, auch wenn es schwer fällt. Schöne B. lassen auf neue treue Freundschaften schließen, hässliche auf allzu kleinliche Charakterhaltung, tote warnen vor übel gesinnten Zeitgenossen.
Bach: Ein kleiner, quellfrischer B. lässt im Beruf oder Geschäft nur das Beste erwarten, ein trüber, modrig riechender B. Misshelligkeiten und Verluste. Wenn viele Fische im B. schwimmen, lässt das auf die Auffrischung der Finanzen hoffen. Ein trockengelegtes Bachbett warnt den Träumer vor Notzeiten.
Backen: Der Bäcker deutet auf eine positive Gesamtentwicklung hin; das B. ist also die Tätigkeit, die uns voranbringt, die uns das tägliche Brot schenkt.
Backofen: Nach Freud weibliches Sexsymbol, eher aber wohl der Ofen, in dem etwas zu gestaltvoller Reife gebrannt werden soll.

Ist noch Feuer unter dem B., deutet das eine glutvolle Verbindung an, die sich glückhaft ausbauen lässt.

Baden: Der Säuberungsprozess der Seele. Das Bad nimmt manches weg, was bisher bedrückte. B. in reinem Wasser: Rettung aus einer unübersichtlichen oder gefährlichen Situation. B. im Trüben: Man kommt sobald nicht aus dem Sumpf heraus, in den man durch eigene Schuld gekommen ist. Reinigt der Träumer das Bad, bevor er sich wäscht, möchte er Vergangenes schnell vergessen und neu beginnen.

Bahnhof: Tiefenpsychologisch das Unbewusste selbst, das uns im Wachzustand helfen will, den richtigen Zug nicht zu verpassen. Der B. im Traum ist gewissermaßen die Schaltstation in unserem Leben zu etwas Neuem. Ob die anschließende Reise gut verläuft, ist nur aus weiteren Traumsymbolen zu deuten (siehe auch Eisenbahn).

Bahre: Irgendetwas wird einem zugetragen, das kann Günstiges, aber auch Ungünstiges beinhalten.

Balkon: Haussymbol, das auf das Mütterliche, die weibliche Brust hinweist, auf das ohne den Gedanken an ein Revanchieren Hergeschenkte.

Ball, uns damit spielen sehen: Wir lassen uns zum Spielball unserer Gefühle machen, wobei wir uns leicht in eine Sache verrennen könnten, die es eigentlich nicht wert ist. Andere B. spielen sehen: Wir glauben leichtes Spiel zu haben, aber man wird uns ein Schnippchen schlagen.

Ballon: Die Übersetzung des Flüchtigen in unserem Leben, des Hinterherjagens nach dem Glück. Ein platzender B. ist wie die Hoffnung, die wie eine Seifenblase innerhalb kürzester Zeit zerplatzen kann.

Bananen: Symbol des männlichen Geschlechtsorgans, das vor allem Frauen sexuelle Träume schenkt, die nicht unbedingt im Wachleben in Erfüllung gehen werden, aber sexuelle Wunschvorstellungen erläutern, die auf ein unbefriedigtes Leben schließen lassen.

Band: Ein buntes B. hat mit dem B. zu tun, das Mann und Frau vereinigt. Flatternde B. haben etwas von der Unruhe an sich, die jede Verbindung einmal erfassen kann.

Bank: Oft als die Energiezentrale gedeutet, von der man die Kräfte für die Durchsetzung seiner Arbeit oder in der Liebe abheben kann. Ein gesperrtes Guthaben wird analog als Sperre der inneren Energien gedeutet. In eine B. einbrechen, ist umschrieben der krampfhafte Versuch, auf der Höhe seines Ichs zu bleiben, manchmal auch der Wunsch, mehr zu scheinen als zu sein, mehr Werte zu besitzen, als man in Wirklichkeit hat.

Bank, auf einer sitzen: Man wartet auf ein Abenteuer, auf einen Menschen, der einen versteht. Oft träumt man von einer Sitzbank, wenn man im Zusammenleben mit einem Partner nicht die Erfüllung findet, die man sich erwünscht.

Banknoten: Warnung, nicht mehr Geld auszugeben, als man hat.

Bar besuchen: flüchtige Bekanntschaften suchen.

Bär: Gestalt von warmer, schützender Mütterlichkeit, nach C. G. Jung aber auch der negative Aspekt der übergeordneten Persönlichkeit. Der Traumbär hat etwas Gefährliches an sich, das sich aus einem allzu großen Schutzbedürfnis des Träumers erklären lassen kann.

Barfüßigkeit: Die Rückkehr auf den Boden der Tatsachen, auch als Zeichen der Bescheidenheit und der Armut gedeutet, der Demut, mit der man das Leben in all seinen Höhen und Tiefen erträgt.

Barriere: Richtet sich überall dort auf, wo man eigene Hemmungen nicht überwinden kann. Wenn man sie überspringt, baut man allmählich diese Komplexe ab.

Bart: In alten Traumbüchern als Symbol männlicher Überlegenheit, später auch als das Anlegen einer Maske gedeutet, hinter der man das eigene Innere verbergen will. Wer seinen B. im Traum bürstet, dem wird Eitelkeit zugeschrieben. Wer ihn einer Frau schenkt, dem droht Potenzverlust.

Bauch: Die Küche des Leibes, in der übersetzt die Erlebnisse des Alltags verarbeitet, verdaut werden. Einen Mann mit dickem B.

sehen: Die eigenen Verhältnisse bessern sich zusehends. Ein voller B. lässt auf Gewinne hoffen, ein leerer zieht Verluste nach sich.
Bauen: Probleme, mit denen man nicht so leicht fertig werden kann, an denen man lange herumbaut. Ist das, was man baut, klein und niedlich, sind die Probleme schnell verdaut. Baut man aber immer höher und höher, dann wachsen die Probleme ins Uferlose.
Baufälligkeit eines Hauses: Die Unsicherheit, die der Träumer seiner Umwelt gegenüber zur Schau stellt.
Bauer: In Träumen von Städtern der Wille, sich einer natürlichen Lebensweise zu befleißigen.
Bauernstube: Die natürliche Heimat, nach der man sich im Traum zurücksehnt, das wohlig Warme in unserem Innenleben, das sich Ruhe und Frieden wünscht.
Baum: Wird oft als reines Sexualsymbol gedeutet. Adam und Eva pflückten den Apfel vom B. der Erkenntnis und zogen daraus die Lehre für ihr weiteres Leben. Wer von einem B. träumt, kann auf Erkenntnisse hoffen, die ihm weiterhelfen werden. Hohe B. sollen Ehren vermitteln, blühende persönliches Glück, Frucht tragende Erfolg in naher Zukunft, dürre aber miese Geschäfte. Wer vom B. stürzt, dem fällt es schwer, die eigene Lage richtig zu beurteilen. Wer auf einen hohen B. klettert, wagt sich auch im Wachleben meist etwas zu sehr vor, kann darum leicht tief fallen.
Becher, aus einem leeren trinken: leerer Geldbeutel. Aus einem vollen B. trinken: Es regnet Geld. Zerbricht ein B. in tausend Splitter, ist man nicht Herr seiner Sinne, also psychisch krank.
Beeren, die gesammelt werden: Die Mühe der täglichen Kleinarbeit. Isst man B., regt man sich häufig über die geringste Kleinigkeit auf, schluckt den Ärger darüber jedoch hinunter.
Begräbnis: Oft das, was man besser begraben sollte, eine Zwistigkeit mit dem, der begraben wird, eine Liaison oder ein nutzloses Objekt, das geplant war, vor allem aber eine innere Einstellung, die uns den falschen Weg beschreiten ließ. Das eigene

B. sehen: Man sollte Hemmungen begraben, Minderwertigkeitskomplexe beseitigen und nicht so viel Selbstmitleid haben.

Bedienung: Wird man im Traum bedient, kann man im Alltagsleben mit Wohlergehen und Förderung rechnen. Ist man selbst die B., muss man wohl in nächster Zeit zum Nutzen anderer schwer schuften und übermäßig rackern.

Behörde: Im Wachleben geht man ungern zu einem Amt, der Traum übersetzt diesen Widerwillen als ein seelisches Anstemmen gegen Ungerechtigkeit und Despotie, gegen das Verwaltetsein.

Beichte ablegen: Man soll sich etwas Bedrückendes von der Seele reden, über das man im Alltagsleben schweigt.

Beifall hören: Zustimmung für einen Plan erhalten, der in der Schwebe lag. B. bekommen: Schmeichler wollen uns aufs falsche Geleise locken, uns mit einem schlechten Rat dienen.

Beil: Siehe Axt.

Beileid: Stimmt traurig, im Unbewussten nimmt man es aber meist als Heuchelei dessen auf, der es ausspricht, als unaufrichtige Anteilnahme.

Bein: Siehe Fuß.

Beischlaf: Deutet auf sexuelle Sehnsüchte hin. Artemidoros ist der Meinung, seiner eigenen Frau beizuschlafen, wenn sie dazu geneigt ist, sei für beide Ehegatten gut, es zeuge vom Vergnügen und der Lust, miteinander verheiratet zu sein. Eine unwillige Gattin aber würde diesen guten Eindruck ins Gegenteil verkehren. Schläft man mit dem Chef oder der Chefin, kann das eine Förderung im Beruf nach sich ziehen. Im Allgemeinen ist der Traum vom B. positiv zu bewerten, da er Schlüsse auf die Potenz des Träumers zulässt. Ein nicht vollzogener B. kann jedoch als Angst vor mangelnder Potenz gedeutet werden.

Bekannte treffen: Wir sind nicht allein mit unserer Meinung, wir finden Gönner, die uns weiterhelfen werden. Über B. reden: Wir sollten uns nicht in Klatsch einlassen.

Bellen eines Hundes: Warnt uns vor irgendeiner Gefahr.

Berg: Wenn der Aufstieg nicht zu steil ist, wird uns auch ein Aufstieg im Leben gelingen; der Abstieg kann auf das Ende eines wichtigen Teilabschnittes in unserem Leben hinweisen, aber auch darauf, dass man es endlich geschafft hat und dass nun eine ruhigere Zeit vor uns liegt. Ist der B. steil, türmen sich nach Meinung der alten Ägypter auf unserem Lebensweg Hindernisse auf, die nur unter großen Kraftanstrengungen zu meistern sind.

Bergführer: Positive Traumgestalt, die uns über Schwierigkeiten hinweghilft.

Besen in der Hand halten und damit kehren: Man sollte im eigenen Lager Ordnung schaffen. In fremden Händen sind B. vergleichbar mit denen der Hexen, die in der Walpurgisnacht zum Blocksberg reiten und dort ihr Unwesen treiben: Man will Streit mit uns beginnen oder uns irgendwie hereinlegen. Man sollte diese Warnung ernst nehmen und sich vor den männlichen und weiblichen Hexen und ihren Kehrkünsten hüten.

Besuch empfangen und ihm Gutes tun: Man wird fröhlich durchs Leben gehen. Den B. nicht bewirten können: Eine Notlage sollte beseitigt werden. Manchmal kann ein B. unangenehm sein, was auf Allergien und Antipathien hinweist, die man im Wachleben hegt.

Betrug: Im Unbewussten oft das Unverhoffte, schnelles Glück und kurzfristige Aufbesserung der Finanzen. Das In-der-Liebe-betrogen-Werden sollte man nicht zu ernst nehmen; denn der Traumbeischläfer der eigenen Frau ist zum Beispiel übersetzt nichts anderes als die unerwartete Hilfestellung, die jemand für uns im Wachleben leistet.

Betrunkene sehen: Man ist von Menschen aus der eigenen Umwelt enttäuscht. Selbst betrunken sein: Man will im Traum alle Hemmungen beseitigen, um anstehende Probleme meistern zu können. Freilich deutet die Trunkenheit auch daraufhin, dass der Träumer die Realitäten des Lebens nicht so ernst nimmt, wie sie in Wirklichkeit sind.

Bett: Der Hort der Geborgenheit, in dem uns manchmal tiefe Unruhe erfasst; man sollte dieser Unruhe im Wachzustand nachgehen, weil sie auf irgendeinen verborgenen Herd seelischer Krankheitskeime hinweist. Bettgeschichten erleben: Man ist sexuell nicht zufrieden. Wenn das B. sauber ist, verheißt es nach einem mittelalterlichen Traumbuch Glück, wenn es schmutzig ist, Pech. Ein leeres B. soll auf einen Todesfall hinweisen; wir sind eher der Meinung, dass es etwas über die seelische Einsamkeit des Träumers aussagt.

Bettler: Ein Warnzeichen, man möge sich nicht anderen Menschen gegenüber erhaben zeigen. Alte Traumbücher übernahmen auch die volkstümliche Ansicht, dass es Glück und Geldzuwachs bedeute, wenn man einen B. beschenkt.

Bienen: Das Symbol des Fleißes. Sieht man sie im Traum, können wir uns über starke Nerven freuen, die uns allen Gefahren trotzen lassen. Mädchen, die von einer B. gestochen werden, heiraten bald; denn es traf sie Amors Pfeil. Für alle anderen ist der Bienenstich gleichbedeutend mit einer Veränderung, durch die man an eine andere Stelle oder einen anderen Menschen gebunden wird. Der Bienenschwarm lässt kleinere erotische oder sexuelle Freuden erwarten.

Bier trinken, das schal ist: Man hat nicht die allerbesten Freunde. Frisches B. trinken: Gute Freunde. Wenn das B. nur Schaum hat: Vorsicht vor den Schaumschlägern in unserem Bekanntenkreis.

Bild: Sieht man das eigene B. hübsch eingerahmt, hat das etwas mit der Eitelkeit zu tun. Das B. von einem anderen Menschen kann eine Nachricht bedeuten, die wir von ihm erhalten werden.

Bildhauer sein: Man versucht sich ein Bild zu machen von den Dingen oder Geschehnissen, die augenblicklich bedrücken, und kann das Unangenehme wegmeißeln. Der Besuch bei einem B. lässt darauf schließen, dass uns eine Last genommen werden soll.

Birke in frühlingshaftem Grün: Ein freudiges Ereignis steht bevor. Klettert man am Stamm einer B. hoch, wird man auch im Leben steigen (siehe auch unter Baum).

Birne: Erotisches Symbol der Sinnlichkeit voller Saft und Süße.

Die Form erinnert an Weibliches, an geheime Sehnsüchte, sich zu vereinigen.
Blätter sehen: Glück und Gesundheit. Dürre B. sind nach den alten Ägyptern ein Zeichen für Krankheit im Hause. Verwelkte B. bedeuten Enttäuschungen, die man nicht so leicht verwindet, fallende B. kleine Missgeschicke im Alltag.
Blau: Die Farbe der Wahrheit, der seelischen Gelöstheit, der geistigen Überlegenheit. Träume in B. sind also stets positiv zu werten.
Blinde führen: Man ist hilfsbereit und von daher bei den Mitmenschen sehr beliebt. Selbst ein Blinder sein: Es fehlt an Weitsicht, möglicherweise auch an der rechten Menschenkenntnis, so dass man leicht übers Ohr gehauen werden kann.
Blitz: Phallische Bedeutung bei Freud. Nach Artemidoros bedeutet, vom B. getroffen zu werden, etwas Gutes, sofern er nicht Schuld oder Armut verbergen will; sein Feuer gleiche dem Golde, das man gewinnen, aber auch schneller wieder verlieren könne. Wenn der Blitz in der Nähe einschlägt, ohne zu treffen, steht – ebenfalls nach Artemidoros – eine Ortsveränderung bevor, für Verliebte habe er eine günstige Vorbedeutung, bei Eheleuten beschleunige er die Entzweiung. Indische Traumforscher dagegen behaupteten, ein B. im Traum sei das Zeichen dafür, dass man krank werde. Tiefenpsychologisch ist der B. ein Zeichen für den Einfluss höherer Mächte auf unser Seelenleben.
Blumen: Alle B., besonders blühende, sind immer positiv zu werten. Die indische Traumschrift »Jagaddeva« schreibt einem Blumentraum große Glücksverheißung zu. Blumen erklären schöne Gefühle, einfach etwas Schönes. Wenn sie verwelken, welkt auch etwas im Leben des Träumers. B. pflücken weist auf sexuelle Wunscherfüllung hin, der Strauß frischer B. auf ein Liebeserlebnis, das uns glücklich macht. Zertritt man aber B., so zertrampelt man möglicherweise die schönsten Gefühle des Partners, den man zu lieben vorgibt.
Blut: Symbol für seelische Wunden, die man sich nicht eingestehen will. Fließt das B. aus einer Wunde am eigenen Körper, wird

man von jemandem gedemütigt. Fließt das B. aus Wunden bei anderen Menschen, sind wir auf dem besten Wege, anderen Schmerz zuzufügen.

Bohnen: Symbol des materialistischen Denkens (der volle Bauch, der sich nach außen bläht). B. pflanzen: Gewinn im Laufe des Jahres. B. brechen: Man heimst den Gewinn ein. B. zubereiten: Man möchte augenblickliches Glück auf Dauer vereinnahmen, übersieht dabei aber, wie trügerisch gerade Glück sein kann.

Bohren: Der Ärger bohrt, der Zweifel, die Ungeduld. Wer mit einem Bohrer hantiert, will hinter etwas kommen, das, aufs Traumbild übersetzt, Ärger bereiten könnte.

Bombe: Meist Erinnerungsträume, die Schockerlebnisse widerspiegeln, gleichzeitig aber auch das eigene Unvermögen, an bestehenden, nicht besonders günstigen Verhältnissen etwas zu ändern. Träume über B. haben etwas Existenzbedrohendes – Zeit also, die Nerven zu beruhigen und seinen Lebenswandel umzustellen. Eine einzelne B., die wir im Traumbild sehen, kann auch eine Nachricht sein, die wie eine B. einschlägt.

Boot: Ein B. im ruhigen Wasser fahren, bedeutet ins Wachleben übersetzt eine ruhigere Fahrt des Lebensschiffleins. Ein B. auf bewegtem Wasser steuern: Hektik und Unausgeglichenheit. Das B. im Dunkeln treiben lassen: Man weiß im Augenblick kaum, wohin die Dinge laufen.

Bordell: Mit Freudenmädchen schlafen: Gewinn an Lebenserfahrung, aber auch verdrängte Lustgefühle im Wachleben.

Boten: Können Glück und Unglück bringen, je nachdem, wie die übrigen Symbole eines Traumes gedeutet werden können.

Brand: Das Feuer der Vernichtung, die Leidenschaft, die Leiden schafft. Die Entdeckung eines Brandherdes im Traum sollte, wenn er nicht Erinnerung an wirkliches Geschehen ist, eine Umstellung unseres bisherigen Lebens bewirken. Es liegt oft eine geistig-seelische Krankheit vor, die es zu erforschen und dann zu heilen gilt durch die Besinnung auf unser besseres Ich. Ein B. im Dachstuhl lässt auf eine mindere geistige Entwicklung schließen. Brand-

träume sind immer ein Gleichnis von der Gefahr, die uns oder unseren Lieben droht (siehe auch unter Feuer). Brandgeruch deutet eine Leidenschaft an, an der wir uns verbrennen können. Man sollte in diesem Fall einmal Gefühls- und Gewissensforschung betreiben, um einen möglichen seelischen Brandherd aufzuspüren.
Braten, ein Stück Fleisch: Gleichbedeutend mit persönlichem Erfolg. Wenn der B. verbrennt, ist ein Misserfolg fällig.
Bratpfanne sehen oder in ihr etwas braten: Nach Artemidoros ein lüsternes Weibsbild, das uns im eigenen Safte schmoren lassen will. Auch bei Sigmund Freud hat die B. weiblich-sexuelle Bedeutung.
Braun: Die Farbe der Erde, des naturbewussten Lebens. Sie hat etwas Warmherziges, Mütterliches. Wer sich ein braunes Kleid anzieht, sollte seinen bisher vielleicht allzu flotten Lebenswandel auf eine etwas ruhigere Gangart umstellen.
Braut: Sieht sich eine Frau selbst als B., wird sie viel Liebesglück haben, gegebenenfalls bald heiraten. Bei Männern bedeutet die Umarmung einer fremden B. Abenteuer in der Liebe. Eine B. zum Altar führen: Wunscherfüllung. Schläft die B. im Brautkleid neben dem Mann, kündigt das ein Leben mit allerlei Schwierigkeiten an. Brautschuhe, in denen man tanzt: Deuten auf einen Seitensprung hin.
Bretter schneiden: Man hat viele Mühen und kommt doch nicht voran. Mit B. eine Hütte bauen: Man rückt einen Charakterfehler rechtzeitig zurecht.
Briefe schreiben: Man erfüllt eine Pflicht und beruhigt das Gewissen. B. lesen: Eine Nachricht beschäftigt uns stark.
Briefmarken aufkleben: Man geht in Gedanken auf Reise. B. sammeln: Wir sammeln einen neuen Kreis von Bekannten um uns.
Briefträger sehen: Jemand überrascht uns im guten Sinne, eine Hoffnung wird sich erfüllen.
Brillanten: Spiegeln etwas Schlechtes vor, unsere Minderwertigkeitskomplexe oder unsere Großmannssucht.
Brille: Sie stellt Fehlerpunkte in unserem Ich fest. Eine schlecht-

sitzende B. zum Beispiel verrät, dass man sich von irgendetwas ein schiefes Bild macht. Setzt man die B. eines anderen auf, sollte man sich im Wachleben mehr auf seine eigene Kraft verlassen statt auf trügerische Ratschläge der Mitmenschen. Durch eine klare B. zu schauen bedeutet, dass man seine Fehler einsieht. Wer aber durch eine schmutzige B. sieht, möchte seine Fehler vertuschen. Zerbricht die B., steht uns Kummer ins Haus.

Brot: Hier ist nur positive Auslegung möglich. Das Leben bekommt wieder einen Sinn, man wächst innerlich in einer Gemeinschaft zusammen. Der Brotlaib kann auch auf den Körper einer geliebten Person hinweisen, die man gerne ganz für sich besitzen möchte.

Brücke: Stets von guter Vorbedeutung, da sie das Überbrücken von Schwierigkeiten beinhaltet. Oft ist sie der Beginn einer neuen Tätigkeit, die uns zufrieden stellen wird, oder der Anfang einer beglückenden Liebe. Die B. ist auch das Symbol einer innigen Verbindung zwischen zwei Menschen. Die Art der Brückenkonstruktion verrät uns, ob auf unserem Lebensweg weitere Hindernisse aufgebaut sind: Das fehlende Geländer oder die noch im Bau befindliche B. zeigen dem Träumer gefahrvolle Stellen an.

Bruder: Siehe Geschwister.

Brunnen: Das Symbol der Verjüngung, der seelischen Wiedergeburt. Er kommt häufig in Träumen von Schwangeren vor. Sieht man einen B. ohne Wasser, sollte man sich vor der Missgunst eines Mitmenschen in Acht nehmen. Ist sein Wasser sprudelnd und klar, kann das neben der Stärkung der seelischen Kraft auch Freude und Frohsinn in guter Gesellschaft bedeuten. In einen B. fallen: Man fällt in alte, meist schlechte Angewohnheiten zurück und wird sich dadurch kaum Freunde machen.

Brust: Sex-Symbol, das meist in Männerträumen auftaucht. Eine schöne Frauenbrust verspricht ein Liebeserlebnis. Die B. einer alten Frau verrät Sorgen, oft auch die Angst, die Potenz zu verlieren. Wer an der B. verwundet wird, sollte mit einer Änderung im häuslichen Bereich rechnen, die ihm Kummer machen wird.

Buch: Nach Artemidoros bedeutet es das Leben schlechthin, oft auch das Leben in der Vergangenheit, dessen Erfahrungen man vertreten könnte. In der Tiefenpsychologie wird das B. als Behälter des Lebens (»Buch des Lebens«) gedeutet. Man muss sich den Titel merken, der Aufschluss über die geistige Haltung gibt; auch die Farbe des Bucheinbandes ist wichtig.

Buckel tragen: Einen Rucksack voll Glück nach Hause tragen, das nur zu schnell wieder zerrinnen kann. Einen Buckligen sehen: Man sollte nicht zu sehr die Fehler der anderen kritisieren.

Bügeln: Eine schwebende Sache zum eigenen Vorteil erledigen, also ausbügeln.

Burg: Das Haus, in dem man sich gegen feindliche Einflüsse erwehren muss, hat etwas Bedrohendes. Gemeint ist meist unsere seelische Unausgeglichenheit, die geordnet werden müsste. Eine Burgruine ist demgemäß gleichzusetzen mit einer seelischen Zerrüttung, einem Tohuwabohu gegensätzlicher Gefühle, das leicht eine bestehende Verbindung in die Krise führen kann.

Busch: Steht für Heimlichkeiten, man kann darin seine Meinung verstecken; übersetzt: Man will sich vor seiner Umwelt abkapseln. Ein grüner B., in den man sich mit jemandem vom anderen Geschlecht zurückzieht: Heimliche Liebe, die Erfüllung findet. Ein dürrer B. bedeutet Streit.

Butter sehen: Verheißt fast immer Gutes, denn sie gibt Kraft, Neues glücklich zu Ende zu bringen. Ein Brot mit B. bestreichen: Durch eigene Energie wird man einen Erfolg erreichen.

C

Cello spielen oder spielen sehen: glückhafte Vereinigung im Erotisch-Geistigen (wobei man allerdings manchmal auch den Bogen überspannen kann).

Champagner trinken: Man genießt das Leben, ohne an das Morgen zu denken. Eine Sperre wird ausgeklinkt in moralischer Hinsicht, man wird aber auch sexuell enthemmt. Das kann Gefahren mit sich bringen.

Chaos: Chaotische Zustände im Traum offenbaren seelische Beklemmungen.

Chor, singen hören oder versuchen, mitzusingen: Man will die zwischenmenschlichen Beziehungen pflegen, findet im Alltagsleben einen Gleichklang der Gefühle unter Freunden und Nachbarschaftshilfe, für die man dankbar ist.

Clown: Gestalt zwischen Lachen und Weinen; das unsichere Gefühl (kann auch sexuell gedeutet werden). Der C. ist die lustbezogene Figur des Ichs, die uns an die Kehrseite des Lebens erinnern soll, an das Ende aller Dinge.

D

Dach: Der Kopf des Träumenden, das Oberstübchen. Wenn dort etwas nicht in Ordnung ist, sollten wir im Wachzustand überprüfen, ob da nicht etwas »spinnt«, ob wir unsere Gedanken nicht besser ordnen, zusammennehmen sollten. Dachbodenträume erinnern manchmal an frühe sexuelle Erlebnisse in der eigenen Jugend. Wenn Feuer unter dem D. gelegt ist, sollte der Träumer einmal einen Psychotherapeuten oder einen Psychiater aufsuchen. Übrigens wacht er nach solchem Traum meist mit Kopfschmerzen auf. Man kann auch jemandem aufs D. steigen, das heißt: ihn mit eigenem Wissen überflügeln. Dachziegeln, die herunterfallen, sind Widersacher, die uns mit geistigen Mitteln schlagen wollen.

Dackel: Ein guter Kamerad geht an unserer Seite, aber er wird uns nicht helfen können, weil er selbst hilflos ist.

Damen sehen und mit ihnen verkehren wollen: Man sehnt sich nach besserem Umgang, nach einem sexuellen Abenteuer, das seinen geistigen Reiz hat. Hinter der Traumdame kann sich die eigene Mutter verbergen, die uns ermahnen will, anders als bisher zu leben. Man achte bei der Deutung darauf, ob es sich im Traum wirklich um eine richtige Dame gehandelt hat.

Dämmerung: Schildert eine unklare Lage, in der wir uns befinden. Die Abend-D. führt uns nicht aus diesem Dilemma heraus, die Morgen-D. aber lässt hoffen, dass wir unsere Probleme schließlich doch lösen werden.

Dampf: Das Verpuffen einer Hoffnung, das Sich-in-nichts-Auflösen eines Planes.

Dampfer fahren sehen oder selbst mit ihm fahren: Die Lebensreise geht in unbekanntes Fahrwasser. Der Rauch des Schornsteins verhüllt gewissermaßen die Zukunft – aber nur Mut; jede Reise geht einmal glückhaft zu Ende!

Darmentleerung: Übersetzt die Befreiung von Schuldgefühlen, die Verdrängung von bösen Erinnerungen, auch von Liebeskummer. Das Unbewusste will unsere Seele von unnützen Gedanken befreien. Vielfach wird solch menschliche Handlung auch als Freigebigkeit gedeutet, die man vom Träumer erwartet.

Datteln, süße essen: Man wird viel Liebe und Zärtlichkeit mit Küssen und Kosen erhalten.

Daumenlutschen: Beinhaltet einen Angstzustand der Seele; man schämt sich über sich und sein Tun.

Degen: Ein Phallussymbol, die übertrieben herausgestellte Männlichkeit. Wenn Frauen davon träumen, haben sie überspitzte sexuelle Wünsche. Wenn Männer den D. ziehen, haben sie ihre Gedanken in der Gewalt. Ein rostiger oder gebrochener D. kann auf Impotenz oder eine ernst zu nehmende Krankheit des Unterleibes hinweisen.

Denkmal sehen: Man will einem Vorbild nacheifern. Sieht man sich selbst auf dem Sockel stehen, überschätzt man sich maßlos. Ein Grabstein im Traum bedeutet langes Leben.

Detektiv sehen: Man hat Angst davor, dass jemand die geheimsten Gedanken errät; man will anders als in Wirklichkeit vor der Umwelt erscheinen.

Dieb: Immer das Signal für Verluste, die man erleiden könnte, wenn man sich nicht rechtzeitig absichert. Diese Verluste können eigene Besitztümer oder moralisch-seelische Werte kosten. In Frauenträumen haben sie oft mit einem Wegstehlen aus einer Liebesbeziehung zu tun, mit Heimlichkeiten, die man vor dem Partner hat. Fasst man den D., kann der Besitzstand gerettet oder der seelische Spannungszustand abgebaut werden.

Dietrich: Man möchte sich in ein Haus einschleichen, das übersetzt den Körper einer geliebten Person darstellt. Man will ein Herz aufschließen.

Dirnen: Versprechen etwas Fröhliches, Unbeschwertes, das aber auch in schlechter Gesellschaft genossen werden kann.

Dolch: Siehe unter Degen. Wenn Frauen von einem D. getroffen werden, deutet das darauf hin, dass sie sich willenlos ihrem Gunstobjekt hingeben wollen.

Donner: Beendet das Feuer des Blitzstrahls, kann also zum Guten oder zum Schlechten hin ausgelegt werden. Man müsste die anderen Traumsymbole deuten, um zu wissen, nach welcher Seite er ausschlägt. Der D. ohne vorausgehenden Blitz kündet eine schlechte Nachricht an.

Dorf: In einem D. wohnen, übersetzten ägyptische Traumdeuter mit dem friedlichen Dasein, das man im kleinen Kreise von guten Freunden oder in der Familie in Zukunft zu leben gedenkt.

Dornen: Nach Artemidoros Hindernisse, die einem in den Weg gelegt werden, oder Schwierigkeiten mit einer weiblichen Person. Wenn D. stechen oder man in ihnen hängen bleibt, gerät die Liebe in die Krise oder bleibt auf der Strecke. In Frauenträumen haben D. oft mit der sexuellen Angst vor dem Mann zu tun, den man heimlich liebt.

Dose: Eine verschlossene D., die man nicht aufbekommt, hat mit den Gefühlen zu tun, die man um keinen Preis hergeben möchte. Eine offene D. zeigt den Überschwang der Gefühle an, die man zu verschenken bereit ist.

Drache: Steht nach Artemidoros in Verbindung mit Reichtum und Schätzen, mit einer hochgestellten Persönlichkeit, von der man sich Förderung erwartet. Ein D., der Abscheu erzeugt, weist nach Ansicht des griechischen Traumdeuters auf ernste Gefahren hin, ein sich abwendender D. auf eine unglückliche Wendung im Leben. Tiefenpsychologisch gesehen kennzeichnen D. die Vitalität des Träumers, aus der freilich das Geistvolle verbannt zu sein scheint, den Kampf mit sich selbst und mit den eigenen Trieben. Das Positive dieses Traumsymbols: Der D. in uns wird meistens besiegt.

Draht: Mit D. kann man jemanden fesseln, aber auch aussperren, am besten übersetzt als das Fesselnwollen einer geliebten Person oder das Aussperren eines nicht mehr genehmen Freundes aus unserem Gedankenkreis. Stacheldraht kann verletzen, im Traum ist es die Seele, die verletzt wird, unser Ich, das sich im Wachleben tausend kleinen Sticheleien ausgesetzt sieht.

Dreck: Ist positiv zu werten. Man kann den Karren aus dem D. ziehen. Wer mit D. beworfen wird, kann damit rechnen, dass er in finanziellen Dingen eine glückliche Hand hat; denn das Geld ist ja durch viele Hände gewandert, also dreckig.

Drei: Die seit jeher heilige Zahl (»Dreifaltigkeit«) drückt die Schöpferkraft aus. Sie ist das Element unseres Willens, das Ergebnis der Vereinigung zwischen Mann und Frau, die Zukunft gebärend. Die D. kann Gutes und Schlechtes andeuten, weshalb es zum Beispiel in Träumen, die Negatives andeuten, oft kurz vor drei Uhr ist.

Dreieck: Weiblich-sexuelles Symbol, das mit anderen Traumsymbolen in Zusammenhang gebracht werden muss.

Dreizehn: Die erste Zahl nach den Urzahlen 1 bis 12. Sie symbolisiert den Tod, aber auch die Wiedergeburt, keinesfalls das Unglück.

Dreschflegel: Schwingt hin und her und ist von daher als voreiliges Handeln zu deuten, von Fall zu Fall auch als Schlagen oder Geschlagenwerden.

Drohung: Das Wortgebilde steht leer im Raum, nimmt keine Gestalt an, so dass wir uns davor nicht zu fürchten brauchen. Eine

D. ist nichts Bedrohendes, höchstens eine Warnung, nichts Unüberlegtes zu tun.

Droschke, mit Pferden bespannt: Bringt uns in eine Oase der Ruhe. Sie übersetzt der Seele Bedürfnis nach Frieden.

Dünger sehen: Gutes Vorzeichen; der große Haufen Mist ist übersetzt der große Haufen Geld, den man zusammenbringen wird. Wird der D. abgefahren, so stehen Rechnungen ins Haus.

Dunkelheit: Die kleinen Schatten auf unserer Seele, das Ungewisse, das Ungeklärte. Im Wachleben sollten wir uns schleunigst um die Klärung einer schwebenden Angelegenheit bekümmern.

Durchfallen durch ein Examen, das man längst abgelegt hat: Angst vor einer Verhandlung oder einem Termin, die aber unbegründet ist, weil man das Rüstzeug mitbringt, alles gut zu bewältigen.

Durst: Kann als innere Unruhe übersetzt werden, das Dürsten nach Ausgeglichenheit. Wer D. hat, der fühlt sich allein gelassen, ohne Hoffnung, dass sich die Lage bessern könnte. D. ist also echtes Warnzeichen, Kontakte mit lieben Menschen zu suchen und die falschen Freunde zu vergessen, die zur Zeit möglicherweise ihr Spiel mit einem treiben. Den D. zu stillen heißt zu Recht, auf die sehr schnelle Besserung einer verkorksten Lage hoffen. Meist wird ein Dursttraum nicht bis zum Ende geträumt, weil man vor Durst aufwacht.

Dusche: Wenn man eine kalte D. bekommt, ist das wörtlich zu nehmen – es setzt einen Duscher ab, man kommt vom Regen in die Traufe.

E

Ebbe: Kann die berühmte Leere in der Kasse bedeuten, ein Zustand, der aber nie lange anhalten wird, weil nach jeder E. die Flut wieder kommt. Die E. kann also als kleines finanzielles Missgeschick angesehen werden.

Ebene: Der Lebensweg ist geebnet, für ein wenig beschwerliches

Fortkommen ist gesorgt; in der E. kann man weit blicken und Hindernisse sehen und sie umgehen. Der Traum von der E. lässt den Erfolg im Alltagsleben erhoffen, warnt aber außerdem vor allzu großer Bequemlichkeit.

Eber: Siehe unter Keiler oder Schwein. Meist etwas ungünstiger zu deuten.

Echo hören: Jemand will, dass man sich seine Meinung zu Eigen macht.

Ecke: Man kann sich an einer E. stoßen, dann eckt man im Alltagsleben irgendwo an und setzt sich der Kritik aus. Man kann sich auch in einer E. verkriechen, dann scheut man sich davor zu handeln.

Edelsteine: Siehe unter Juwelen.

Egge: Mit einer E. hantieren und den Acker bearbeiten, heißt, dass man ganz schön zu ackern hat, bis man ein gestecktes Ziel erreicht.

Ehe: Das Schließen einer E. im Traum beweist, dass man sich einsam fühlt (das kann auch in einer bestehenden E. der Fall sein), dass man sexuell nicht ganz befriedigt ist. Zur E. gezwungen werden: Man geht lustlos an eine Arbeit heran.

Ehebruch: Wir wünschen in unserer Ehe etwas zu ändern, wenn wir im Traum als Ehebrecher erscheinen. Sehen wir andere die Ehe brechen, ist das der Hinweis, dass wir uns nicht in fremde Angelegenheiten mischen, sondern den Dreck vor der eigenen Tür wegkehren sollten.

Ei: Symbol der Wiedergeburt, Keimzelle für Neues, sich Wandelndes; seelisch Bedrückendes wird von einem genommen. Mehrere E. sehen: Man kann Gewinne erwarten, Zuwachs an Vermögen, aber auch in der Familie. E. fallen lassen oder zerbrechen: Verluste werden sich einstellen, möglicherweise auch Streitereien in finanziellen Angelegenheiten.

Eiche: Symbol einer überbetonten Männlichkeit, aber auch der Willenskraft, die überwältigend wirkt. Bei Frauen können E. im Traum auf ein gewisses Unbefriedigtsein deuten, den Willen zu mehr Liebe in einer bestehenden Verbindung.

Eichhörnchen: Diese possierlichen Tierchen sollte man im Traum am besten töten, dann überwinden wir im Alltagsleben Neider und schalten schlechte Freunde aus. Das E. schmeichelt sich ein, es warnt uns in diesem Falle vor Schmeichlern, die uns übers Ohr hauen möchten. Beißt uns ein E. im Traum, ist das ein sicheres Zeichen dafür, dass uns jemand in unserer Umgebung betrügen oder belügen will.

Eieruhr: Wer eine E. sieht, dem verrinnt meist die Zeit zu schnell, der möchte den Augenblick festhalten und nicht an das Morgen denken. Manchmal bedeutet der Traum auch die Trennung von etwas Liebem, den Verlust eines nahe Stehenden, was aus weiteren Traumsymbolen erhellt werden kann.

Eifersucht: Kann als Spiegelbild dessen gelten, was der Träumer denkt, seine heimliche Angst, das, was er liebt, verlieren zu müssen.

Eile: Man wird gehetzt, aber komischerweise kommt der Eilige nie ans Ziel. Es ist, als ob das Unbewusste uns mit dem Sprichwort bremsen möchte: Eile mit Weile – langsam kommt man auch und meistens sehr viel sicherer ans Ziel, wobei vor allem der Denkvorgang zu beachten wäre.

Einbrecher: Brechen in unseren Seelenfrieden ein, wollen die Ordnung zerstören, Besitz ergreifen von dem, was uns lieb und teuer ist. Manchmal ist der E. in unser Haus auch nur der triebhafte Gedanke, der auf Abwege sinnt.

Einbruchswerkzeuge: Mittel der Gewalttätigkeit, bei jungen Mädchen zum Beispiel sind sie übersetzt Ausdruck heimlicher Wünsche oder Ängste.

Einbahnstraße: Die Straße, die man auch im Traum nur in einer einzigen Richtung fahren kann, in der Richtung nach vorn. Unser Unbewusstes rät uns in diesem Fall, einen geraden Weg zu gehen, ohne auf die Vergangenheit Rücksicht zu nehmen. Wer die E. ungehindert zurückfährt, dessen Gedanken hängen der Vergangenheit an und können sich nicht so leicht von ihr lösen.

Einkaufen: Die Übersetzung heimlicher Wünsche. Manchmal hat man im Traum kein Geld bei sich, um das Gewünschte zu bezahlen; in diesem Falle möchte man vor seinen Mitmenschen mehr sein, als man in Wirklichkeit hergeben kann. Kauft man neue Kleider, ist das der Beweis dafür, dass man im Alltagsleben gern in eine andere Haut schlüpfen möchte, dass man nicht mehr ganz mit sich und seiner Umwelt zufrieden ist (siehe auch Laden).

Einmaleins: Bei Kindern das Rechnen mit guten Noten, die dann meistens eintreffen. Bei Erwachsenen das Wissen um Erlerntes, das man im Alltagsleben manchmal zur unrechten Zeit anwendet, weshalb man als Besserwisser gelten könnte.

Einpacken: Im Allgemeinen die Vorbereitung auf etwas Neues, auf eine Reise, auf einen Job. Man kann es aber auch mit dem burschikosen Wort umschreiben: Jetzt kannst du einpacken! Und dann kann man eine Niederlage erleiden.

Eins: Die urtümliche, ungeteilte Einheit, die den Anfang (etwa in der Liebe, einer Zuneigung, einer Feindschaft, aber auch einer Arbeit oder eines Unternehmens) darstellt. Sie kann auch für den Einzelgänger stehen, der sich in der Welt durchbeißen muss. Man steht wie eine E., wenn man Rückgrat beweist.

Einsagen in der Schule: Man ist von Leuten umgeben, die einem anscheinend nicht wohl wollen. Wir geben fremden Einflüsterungen nach, von denen wir eigentlich wissen müssten, dass sie uns schaden können.

Einschiffen: Der Bruch mit dem Bisherigen, das Umschalten auf große Fahrt, die unser Lebensschiff auf einen neuen Kurs bringen soll. Es steckt auch ein wenig Ratlosigkeit in dem Vorgang des Einschiffens: Man weiß nie, wohin die Fahrt geht.

Einsiedler: Wenn wir einen E. sehen, will uns unsere Seele zeigen, wie einsam wir uns in Wirklichkeit fühlen, obwohl wir uns vielleicht in lustiger Gesellschaft sehr kontaktfroh erweisen. Es ist die Einsamkeit, die von innen heraus kommt, das Suchen vielleicht nach einem Menschen, der uns ganz versteht.

Einsteigen: In der einen Beziehung siehe unter Einschiffen, in der anderen bezeichnet es den Eingriff in fremdes Terrain, umschrieben der Wunsch, uns auf einem vielleicht nicht gesetzlichen Umweg das zu verschaffen, was wir auf legalem Wege nicht erreichen können.

Eis: Es kühlt etwas ab, Einsamkeit und Not drohen. Die Angst vom Einfrieren enger Beziehungen ist, umgesetzt ins Wachleben, die Lebensangst, der Komplex, nicht mehr weiterzukönnen, einzubrechen in finanzieller oder erotischer Beziehung (siehe auch Gefrorenes und Rutschbahn).

Eisenbahn: Man will sich losreißen von seinem bisherigen Leben, etwas Neues beginnen. Aber manchmal verpasst man den Anschluss, muss sich also wohl oder übel in die augenblickliche Lage fügen. Erreicht man im Traum sein Ziel nicht, heißt das, aufs Bewusste übersetzt, dass man sich treiben lässt, dass man sich schon aufgegeben hat, ohne große Gedanken in den Tag hineinlebt. Kommt man aber an der Endstation an, kann man auch im Wachleben ein gestecktes Ziel erreichen. Ein Zuspätkommen bei der Abfahrt deutet Komplexe an, aufgestauten Ärger, den man schleunigst abbauen sollte, und Unsicherheiten in seinen Kontakten mit der Umwelt.

Eislauf: Als beglückendes Erlebnis geschildert, wird er kaum zur Rutschpartie. Bricht man während des Laufes im Eise ein, sind Schwierigkeiten zu erwarten, vor allem in den zwischenmenschlichen Beziehungen.

Eiszapfen: Kommen oft in Frauenträumen vor, wobei der Traumgrund in einer Erkaltung der erotischen Bindung zu suchen ist.

Ekel empfinden: Die Seele wehrt sich gegen eine im Bewussten ausgesprochene Äußerung oder ein falsches Handeln und gibt damit dem Träumer Gelegenheit, einmal über sich selbst und sein Tun gründlich nachzudenken. Sie setzt den E. ein, weil solch ein Gefühl eher im Gedächtnis des Erwachten zurückbleiben kann.

Elefant: Der Dickhäuter wird meist als mütterliches Wesen gedeutet, dessen Schutz wir suchen. Übersetzt: Wir fühlen uns sicher, nichts Übles kann uns so leicht etwas anhaben (siehe auch Rüssel).

Elf: Diese Zahl kann Arbeit und Mühsal bedeuten, gelegentlich gibt sie auch den Zusammenhalt zwischen zwei Menschen wieder, die in einem illegalen Verhältnis zueinander stehen.

Eltern: Geborgenheit, wenn die Jugend des Träumers wohlbehütet war. In diesem Falle sind sie Garant für den Erfolg im Beruf und für das Wohlergehen der eigenen Familie. Wenn man den verstorbenen E. begegnet, wird das als ein Ratsuchen gewertet, als Hilfestellung in einer mehr oder weniger prekären Lage. Waren die E. in der Jugend kein Vorbild, kann das Gesagte durchaus auch im umgekehrten Sinne ausgelegt werden, es sei denn, der Träumer hat sich mit dem, was ihm die Eltern angetan haben, versöhnt (siehe auch Mutter und Vater).

Elstern: Von den schwarzweißen Vögeln wird mehr geträumt, als man gemeinhin annehmen möchte. Wenn sie durch die Traumlandschaft fliegen, verwirren sie. Man müsste der Verwirrung nachgehen, um den seelischen Grund zu finden. Das könnte Furcht vor einer anstehenden Prüfung sein oder die Angst, dass man uns übel mitspielen könnte.

Enge: Wenn wir in die E. getrieben werden, müssen wir einen Ausweg suchen oder uns durchbeißen. Vor einem Wechsel der beruflichen Stellung bedeutet die E. den Engpass, den wir überwinden müssen.

Engel sehen: Man wird Hilfe bekommen, die man vielleicht gerade in diesem Augenblick nötig hat. Wer sich selbst als E. sieht, der muss sich von irgendjemand Liebem trennen, oder er wird weggelobt in einen anderen Umkreis.

Entbindung: Bei Frauen weist der Traum von einer E. auf die Entfaltung der eigenen Persönlichkeit hin, bei Männern kann er die Geburt einer neuen Idee bedeuten, durch die man weiterkommen wird. Die E. hat immer etwas mit der Wiedergeburt, mit neuen Erkenntnissen zu tun. Verläuft das, was entbunden wird, glücklich, können wir auf eine glückliche Zeit hoffen, in der uns alles gelingen wird. Eine schwere E. dagegen verheißt Verlust, das kann das Fehlschlagen eines Planes oder einer Unternehmung sein oder die Trennung von einem Menschen, der uns einmal viel bedeutete.

Ente: Ihr watschelnder Gang deutet die Schwierigkeiten und die Langsamkeit an, die unserem Fortkommen im Wege stehen. Schwimmende E. lassen dagegen auf eine flotte Ausführung von Plänen hoffen, die kaum ins Wasser fallen können (siehe auch Federvieh).

Enthauptet werden: die Angst, man könnte in einer bestimmten Sache den Kopf verlieren, unehrenhaft handeln oder als charakterschwacher Mensch erkannt werden.

Entjungferung: Die Erkenntnis, dass man im Sexuellen nicht richtig handeln könnte, dass man in den zwischenmenschlichen Beziehungen unsicher ist.

Entmannung: Bedeutet meist ein Zuviel an sexuellen Einwirkungen und Gelüsten, das auf ein Normalmaß beschränkt werden müsste, damit die Potenz erhalten bleibt.

Erbschaft: Sie hat nichts mit finanziellem Erfolg zu tun, sie weist vielmehr auf gewisse seelische Fähigkeiten hin, die unser Privatleben leichter gestalten könnten. Das im Traum übernommene Erbe ist etwas, das uns seelisch entlasten kann, aber im Wachleben meist erst eine gewisse Umstellung des Charakters bewirken muss.

Erdbeben: Die Angst, die unser Unbewusstes in das Bewusstsein hineinspielt. Hier wird gewarnt vor plötzlichen Veränderungen, die unseren Lebensrhythmus durcheinanderwirbeln können. Nach einem E. sollte man sich auf die eigene Tüchtigkeit verlassen und Stein um Stein neu aufbauen, vielleicht sogar in der Ferne einen Neuanfang versuchen. Manchmal weist ein E. nur auf eine uns selbst nicht ganz verständliche Änderung in unserem Charakterbild hin, das es unbedingt gilt, zurechtzurücken.

Erdbeeren: Können Erfüllung süßer Erwartungen sein, die wir auf erotischem Gebiet hegen, etwa jede E. ein Kuss!

Erde, im Atlas oder auf dem Globus betrachten: Man möchte dem eigenen engen Wirkungskreis entfliehen, hinaus in die Welt ziehen und sich den Wind fremder Länder um die Ohren blasen lassen. E. umgraben oder darin etwas anpflanzen: Man will seinen eigenen Standpunkt festigen, tiefer in die Dinge eindringen.

Erkältung haben: Unser Inneres ist irgendwie verschnupft über unser bewusstes Handeln. Man suche den Grund und kann von daher vielleicht zu mehr innerem Frieden gelangen.

Ernte halten: Günstiges Vorzeichen für die eigenen charakterlichen Anlagen, der Wunsch, erfolgreich eben Begonnenes abzuschließen.

Ersticken: Das Gefühl, keine Luft mehr zu bekommen, bewirkt im Traum die natürliche Gegenwehr. Man wacht auf und hat ein Gefühl der Erleichterung, das den ganzen Tag über anhält. Kranke, die im Traum zu ersticken drohten, machten plötzlich Willenskräfte frei, die zur Überwindung des Krankheitszustandes führten.

Ertrinken oder Ertrinkende sehen: Irgendetwas, das uns wertvoll schien, geht verloren. Man sollte in Zukunft besser Acht geben, damit bestimmte Fehler nicht mehr unterlaufen; denn nur wenn man aus den eigenen Fehlern lernt, kann man zu Wohlstand und Ansehen gelangen.

Esel: Nach Artemidoros heißt einen lasttragenden E. sehen, eine Last wird von uns genommen. Ein störrischer Esel besagt, dass man noch eine Weile an einem Päckchen zu tragen hat, das man selbst verschuldet oder unfreiwillig auf sich geladen hat, sowohl in körperlicher als auch in seelischer Hinsicht. Oft warnt der E., Geduld zu haben, auf bessere Tage zu hoffen.

Essen: Man achte darauf, was man im Traume isst, um daraus seine Schlüsse zu ziehen; denn die Traumspeise ist oft gleichzusetzen mit der geistigen Nahrung, die uns abgehen könnte und nach der man sich heißhungrig drängt. Verweigert man das E., deutet das auf einen Widerwillen gegen irgendetwas in unserem Leben hin, den es zu überwinden gilt.

Eulen: Haben nichts mit den schreienden Käuzchen zu tun, die nahenden Tod oder Unglück ankündigen. Sie sind Tiere der

Nacht, aus deren Dunkelheit manches nur schemenhaft auftaucht. Das kann übersetzt das allzu Triebhafte in uns sein, das uns die Ruhe raubt, möglicherweise auch die Ruhe selbst, die seelische Ausgeglichenheit, die wir in einer Welt voller dunkler Anfeindungen für unser Ich suchen.

Euter, prall gefüllt sehen: lässt einen prall gefüllten Geldbeutel erhoffen.

Explosion vernehmen oder sehen: Eine plötzliche Wendung zum Guten oder zum Schlechten ist zu erwarten. Die E. kann aber auch bedeuten, dass wir unsere Nerven nicht ganz in der Gewalt haben.

F

Fabrikschornsteine: Haben mit übersteigerten sexuellen Bedürfnissen zu tun, über die wir nicht recht Herr werden.

Fackel: Sie lässt das Feuer der Liebe und des Erfolges brennen oder verlöschen, sie kann unser Leben erhellen oder ins Dunkel hinabgleiten lassen.

Faden einfädeln: Es will einem nicht so recht gelingen, die Nerven unter Kontrolle zu halten. Dadurch wird mancher Erfolg zunichte gemacht, oder die zwischenmenschlichen Beziehungen werden auf eine Zerreißprobe gestellt. Wichtig ist in diesem Zusammenhang auch die Farbe des F.

Fahne: Ein Bild des Lebens. Ein Stock mit einem flatternden Stück Tuch, übersetzt der phallische Stab mit dem mütterlich-weiblichen Stoff, wobei das Flattern als die Vereinigung der beiden Elemente gedeutet wird. Auch hier ist die Farbe des Tuchs wichtig.

Fahren: Deutet immer das Weiterkommenwollen auf der Lebensfahrt an, das Streben nach echten Werten.

Fahrrad: Von ihm träumen meist junge Leute, die durch eigene Kraftanstrengungen zu etwas kommen wollen – zur besseren

Schulnote vielleicht oder zur exzellenten Ausführung der Lehrlingsarbeit. Manchmal fährt man auch zusammen mit seinem Partner. Wenn einer von beiden eine Panne hat, ist irgendetwas in sexueller Beziehung zwischen ihnen nicht in Ordnung.

Fahrschein: Wer ihn vor Antritt einer Reise im Traum nicht bezahlen kann, dem fehlen zur Durchsetzung seiner persönlichen Pläne ganz einfach die Mittel, und daher sollte er von einer Veränderung seines augenblicklichen Standpunkts zunächst Abstand nehmen. Hat man dagegen das Geld, um den F. zu bezahlen, wird man fortkommen sowie energisch und zielbewusst die nächste Lebensstation ansteuern können.

Fahrzeug, sehen oder in ihm fahren: deuteten die alten Ägypter damit, dass man einen Vorsprung gegenüber anderen erreichen kann, weil diese wahrscheinlich zu Fuß schlechter vorwärts kommen (siehe auch Kutsche).

Falle, in eine geraten: Man wird aus lauter Abenteuerlust in eine unwegsame Situation gelangen. Fängt man andere in der F.: Nur mit einer List kommt man ans Ziel.

Fallen: Fallträume haben nach Freud bei Frauen meist rein sexuelle Bedeutung (sie sind dann die »Gefallenen«). Sie deuten auf innere Hemmungen hin, auf Kontaktschwierigkeiten in den zwischenmenschlichen Beziehungen. Es ist auch manchmal der Hochmut, der hier vor dem Fall kommt. Wer ins bodenlos Tiefe fällt, hat in seinem Milieu Schwierigkeiten, im Traum kann er sich fallen lassen und braucht nicht an sich zu halten aus lauter Rücksicht vor den anderen. Oft wird eine Kombination von Fall- und Flugtraum geträumt (siehe auch Fliegen).

Fallschirm: Bremst das Fallen ab, wenn er sich öffnet. Wenn der F. geschlossen bleibt, sollte man in nächster Zeit nichts Neues unternehmen.

Familie: Träume von der eigenen F. haben meist eine günstige Vorbedeutung, es sei denn, man hat sich mit ihr überworfen. Angehörige stehen im Traum oft auch für gute oder übel gesinnte Menschen.

Farben: Erklären physische Erlebnisse, die meist wesentliche Aussagen über die seelischen Verhältnisse des Träumers machen können (siehe einzelne Farben).

Fasching: Sieht man sich im Traum verkleidet, ist das ein Zeichen dafür, dass man sich einmal anders als in der Zwangsjacke der Konvention zeigen will, etwas ablegen möchte von dem nach außen gekehrten Ich.

Fass: Ist das F. voll, können wir mit voller Kasse rechnen. Ein leeres F. kündigt schmale Zeiten an. Wenn das F. gar ohne Boden ist, kann irgendetwas in unserer Geisteshaltung nicht in Ordnung sein.

Fassaden, besonders schöne bei reparaturbedürftigen Häusern: Man hält den äußeren Schein um eine brüchige Verbindung aufrecht. Bröckelnde oder rissige F.: Man sollte mehr für sein Äußeres tun; denn wie das Sprichwort sagt: »Wie du kommst gegangen, so wirst du empfangen.«

Faust: Kämpferisches Zeichen. Nur: Wer sich mit der F. durchsetzen will, dem fehlen die Argumente.

Fechten, sich selbst f. sehen: Man muss, um sich durchzusetzen, »fechten« (betteln) gehen, ein Umstand, gegen den sich unsere Seele sträubt.

Federn: Sie fliegen vom Wind getrieben bald hierhin und bald dorthin; es ist das Wetterwendische in unserem Wesen, das uns der Traum aus dem Unbewussten heraus erkennen lassen möchte. Und dann müssen wir F. lassen!

Federvieh, gackerndes: warnt uns damit vor Neidern und missgünstigen Menschen (siehe auch Gans). Schlachtet man F., so will man diese Leute verstummen lassen.

Feigen: Haben eine erotische Bedeutung, ihre Süße lässt glückliche Zweisamkeit erhoffen.

Feilen: Sehen wir uns beim F., schickt uns das Unbewusste eine Hilfestellung ins Wachleben, sich nicht gehen zu lassen, sondern ständig am Charakter zu arbeiten, damit sich unsere innere Haltung verstärkt und von außen kommenden Störeinflüssen wirksam entgegenstemmen kann.

Feinde im Traum sind nicht unbedingt böse Menschen, die sich uns im Alltag entgegenstellen. Es sind oft die Fehler in unserem Inneren, die unseren Charakter verfälschen.

Felsen: Wer auf einen F. klettert, das sagten schon die alten Ägypter, dem stellen sich viele Hindernisse entgegen. Tiefenpsychologen haben dieses Bild übernommen, aber sie fügen hinzu: Wer auf einen F. klettert, dem ist ein Streben nach Höherem nicht abzuerkennen, jedoch wird er sein Ziel nur unter großen Mühen erreichen. Wer auf F. baut, findet übrigens ein gutes Fundament für eigene hochfliegende Pläne.

Fenster: Siehe Türen.

Ferse: Der Teil des Fußes, der leicht verwundbar ist. Wenn die F. verletzt ist, ist unser Standpunkt im Alltag verschoben, das Fortkommen gehemmt.

Fesseln tragen: Man wird von irgendetwas im Wachleben gefesselt sein, vor dem die Seele warnen möchte.

Feste feiern: Man will los von des Alltags Mühe und Plage, nicht nach links und nicht nach rechts schauen, einmal ausspannen vom eigenen Ich.

Festung: Siehe Burg.

Feuer: Das urtümliche Bild des Geistes und der Liebe, Symbol wärmender Sinneslust, aber auch so verzehrend wie diese, die Leidenschaft, die Leiden schafft. Wo das F. hell leuchtend im Herd oder im Freien brennt, wird Neues entstehen, können Ideen verwirklicht werden. Wo das F. uns zur Freude gen Himmel lodert, lassen sich brennende Probleme lösen. Das F. sollte nicht verlöschen, da das auf das Löschen mancher Vorhaben aus unseren Plänen deuten kann. Natürlich kann das F. auch zum gefährlichen Brand werden (siehe Brand und Flammen).

Feuersbrunst: Das unbewusste Triebleben, das man ins Wachleben zu übersetzen wünscht. Eine F. sehen, heißt nach alter ägyptischer Deutung, dass man zu Ehren kommen wird.

Feuerwehr: Sie löscht die Brände im Traum, übersetzt: die in uns aufkeimenden wilden Leidenschaften, die uns zu vernichten drohen; sie tötet die Krankheitskeime, die unseren Körper oder unsere Seele schwächen wollen.

Feuerwerk sehen: sich nach den Glanzpunkten des Lebens sehnen. Selbst ein F. anzünden: Man möchte sich in strahlendem Licht seiner Umwelt präsentieren, und das gelingt dann meistens auch. Fieber: Eine Leidenschaft sollte abgebaut werden, die uns fiebern ließ. Mit echten Krankheitssymptomen hat das F. meist kaum etwas zu tun.

Film: Siehe Kino.

Filmen: Wir wollen uns selber produzieren, in einer Rolle sehen, die anders als jene ist, die wir im Wachleben spielen. Sich selbst f., aber den Apparat nicht aufbekommen oder keinen sicheren Platz für das Stativ finden: Uns fehlt der richtige Standpunkt, wir müssten ihn suchen, um im Leben zurechtzukommen.

Finger übergroß sehen: Man möchte etwas ergreifen, was nur schwer zu erlangen ist, vor allem finanzielle Besserstellung. Mit den F. kann man auch im Traume spielen, weshalb es wichtig ist, den Gegenstand zu kennen, mit dem sie spielen. Schneidet man im Traum die Fingernägel, muss man nach Ansicht indischer Traumforscher bald Schweres durchmachen.

Finsternis: Siehe unter Dunkelheit.

Fische: Werden in der Psychoanalyse als Gleichnis der männlichen Sexualität geschildert; schon in Babylonien galten sie als phallisches Symbol. Nach unserer Meinung umreißen sie die Tiefen der menschlichen Seele. Sie sind positiv als Speise und damit als Ausdruck seelischer Energie zu werten. Gefahr drohend als große Lebewesen, die wir nicht bezwingen können, weil sie aus den Tiefen (des Bewusstseins!) plötzlich auf uns zustoßen. Wo man selbst F. ist, kann man sich nach C. G. Jung im Bad der Lebensquelle erneuern und verjüngen. Liegende F. deuten auf eine Abschwächung der Vitalität, im klaren Wasser schwimmende den heiter-beschwingten Seelenzustand des Träumers an. Tote F. sehen: Nach Artemidoros Hinweise auf eine verlorene Hoffnung. Lebende F. fangen: bedeutet dagegen Erfolg.

Fischer: Er fischt nach Inhalten der Seele. Wer zum Beispiel als träumender F. zu bequem ist, einen Fisch von der Angel zu nehmen, der bringt sich um den Gewinn seiner Arbeit.

Flammen: Oft als männliches Geschlechtssymbol bezeichnet. Das Auslöschen der F. deutet also auf die Angst hin, die Liebeskraft zu verlieren. Eine hell brennende F. wird als Zeichen der inneren Läuterung gewertet. Die Ägypter glaubten, wer F. im Traum sehe, habe mit einem immensen Geldzuwachs zu rechnen.

Flasche: Eine zerbrochene F. zu sehen, weist übersetzt auf das Sprichwort »Glück und Glas, wie leicht bricht das« hin. Aus einer heilen F. zu trinken, könnte demnach so gedeutet werden, dass man das Glück in vollen Zügen genießen kann.

Flecken, vor allem in Kleidern: Dunkle Punkte auf der Seele, die uns unsicher werden lassen.

Fledermaus: Sie schießt aus der Nacht auf uns zu und bringt Unruhe mit sich; übersetzt: Unser seelisches Gleichgewicht ist gestört, wir fühlen uns verfolgt.

Fleisch essen: Man wird sich stärken, was auch auf Genesung von einer Krankheit hinweisen kann. Das eigene F. oder das eines anderen Menschen essen, übersetzte die indische Traumschrift »Jagaddeva« mit Herrschaftsgelüsten, die erfüllt würden, und mit dem Hinweis auf zahlreiche Nachkommenschaft.

Fliegen: Flugträume sind sehr häufig. Sie setzen im Allgemeinen Gefahrenzeichen, besonders wenn der Träumer selbst wie ein Vogel fliegt. Freud deutete Träume vom F. als erotische Wunschvorstellungen. Tatsächlich versetzt das F. viele Menschen in eine Art Rauschzustand, der aus dem Traum heraus schon im Altertum als Liebesrausch übersetzt wurde. In der modernen Tiefenpsychologie wird das F. als eine gefährliche Übersteigerung des Bewusstseins gewertet, da der Mensch von heute weiß, wie wenig gefährlich das F. im Allgemeinen ist. Im Übrigen kann auch aus diesem Aspekt heraus die Meinung gezogen werden, dass das Hoch-F. schon das spätere Fallen in sich schließt. Übersetzt: Leicht kann jemand auf einem Höhenflug abstürzen ins bodenlose Nichts. Auf der anderen Seite kann die Seele des Flugträumers Flügel bekommen und losgelöst von aller Erdenschwere sein. Schon die Ägypter glaubten, dass jemand, der im Traum fortfliege, den Ausweg aus einer verzwickten Lage finden werde.

Fliegen: Siehe Insekten.

Floß: Ein Wasserfahrzeug, das mit Menschenkraft gesteuert wird und von der Strömung abhängig ist. Der Traum übersetzt das mit der Aussage, man müsse schon Vertrauen in die eigene Kraft und die guter Freunde und Gönner haben, um das Ziel seiner Wünsche zu erreichen.

Flöte: Siehe Klarinette.

Flucht: Ist die F. vor sich selbst, vor der eigenen Unentschlossenheit, sich im Lebenskampf durchzusetzen. Gelingt sie im Traum, haben wir guten Grund, dass wir endlich im Vertrauen auf das eigene Können zu uns selbst zurückfinden werden.

Flugzeuge: Sie jagen durch unseren Kopf, schießen über uns her, verwirren uns. Rote F. haben meist mit Sexuellem, Triebhaftem zu tun, das zur Krankheit werden kann. Im Allgemeinen aber sind F. jedweder Farbe Teil der Angst, die als Warnzeichen der Seele verstanden werden sollte, im allzu fröhlichen Lebenswandel zurückzustecken aufs Maßvolle. Wer in einem F. reist, will Belastendes zurücklassen. Aber obwohl das F. das schnellste Verkehrsmittel der Welt ist, kann der Träumer, der in ihm reist, kaum hoffen, dass seine Sorgen oder Schwierigkeiten auch superschnell überwunden werden können; denn die Seele hält die Reise mit dem F. für gefährlicher, als sie in Wirklichkeit ist. Positiv kann man diese Reise als Vermittlung von weit reichenden Gedanken auslegen, die uns nur so zufliegen (siehe auch Fliegen).

Flur: Gehen wir durch einen langen, dunklen F., haben wir Angst, dass uns jemand in der Absicht überfällt, uns zu seinem Gefolgsmann zu machen.

Fluss: Er spült manchen Unrat zu Tage, vor allem, wenn er graues und schlammiges Wasser führt, übersetzt den Kummer, den das Unbewusste wegspülen möchte. Überschwemmungen lassen die

Sorgen begründet erscheinen, die wir uns im Alltag machen. Nur das klare Wasser eines ruhig dahinfließenden F. kann Positives aussagen (siehe Strom).

Fotografieren: Man nimmt etwas auf, um sich ein klares Bild von einem Mitmenschen oder einer bestimmten Lage zu machen, was aus anderen Traumteilen erhellt werden kann. Von sich selbst ein Bild machen, das einem gar nicht gefällt: Wir sollten unsere innere Grundhaltung überprüfen; denn irgendetwas stimmt da nicht.

Frack: Siehe Abendkleidung.

Frauen deuten in Männerträumen meist auf sexuelle Wünsche hin. Seit altersher ist die schöne Frau eine ausgesprochene Glücksbotin, und die Küsse dieser Frau sollen sogar Geldzuwachs versprechen. Man achte vor allem bei den F. auf ihre Haarfarbe und auf das, was sie tun, wie sie sich bewegen und in welcher Umgebung sie sind. Dann erst sollte man sich endgültig an eine Deutung heranmachen. In Frauenträumen sind F. beliebige weibliche Personen und nur aus dem Zusammenhang zu deuten.

Freund, Freundin: Der Traum wird bei Mann und Frau unterschiedlich geträumt, was die sexuellen Beziehungen angeht. Der F. trägt oft nur dessen Züge, entpuppt sich dann aber als ein Intimfeind, der uns eins auswischen möchte. Wenn man im Traum mit einem besonders guten F. streitet, dann ist stets jener andere gemeint, der uns übers Ohr hauen will, der große Unbekannte, vor dem uns das Unbewusste warnen möchte. F. sehen, die längst gestorben sind: Man erhält eine wichtige Nachricht. F., die uns im Traum erschrecken, weisen manchmal auf eine Krankheit hin.

Friedhof: Erscheint in einer Zeit echter Lebenskonflikte im Traum. Man sucht gewissermaßen Rat bei denen, die man dort besucht – beim verstorbenen Vater, dessen Trost schon Heilung verspricht, bei der Mutter oder sonst wem, der einem wohl wollte. Man sucht am offenen Grab den Ausweg vor dem, das sich dunkel und Unheil bringend vor einem auftut. Bei Friedhof- und Sargträumen spielen immer lösbare Probleme eine Rolle.

Frieren: Die Angst vor Erkältungen, die sich aus dem F. ergeben, wird als Furcht vor Unannehmlichkeiten übersetzt. Mit dem F. kann auch ein Einfrieren einer langen Freundschaft gemeint sein. Ist das F. nur auf eine äußere körperliche Reizwirkung zurückzuführen, kann es nicht in die Deutung einbezogen werden.

Friseur: Wild wucherndes wird bei ihm in Ordnung gebracht werden – ein Hinweis, uns nach außen zivilisierter zu geben. Das Frisieren selbst ist oft auch eine Aussage über unser körperliches Wohlbefinden.

Frosch: Trotz seines für den Menschen recht abstoßenden Äußeren ist der F. positiv zu werten, zumal seine Entwicklung vom Laich zum F. als seelische Wandlung übersetzt werden kann, als der gute Kern, den eine hässliche Gestalt umschließt. Der F. deutet möglicherweise auf die Überwindung einer Abneigung hin, und wenn er lustig hüpft, kann unser Herz vor Freude hüpfen, weil wir in unseren Unternehmungen Glück haben. Hüpft der F. fort, ist das ein Zeichen, dass Bruder Leichtsinn bei uns zu Gast war und uns manches Geldstück aus der Tasche zog. Schlägt man auf einen F. (oder eine Kröte) ein, will man im Wachleben seine Macht über Untergeordnetes beweisen.

Früchte ernten: Die Liebe erscheint als erfreuliche Lebensfrucht. Sind die F. faul und ungenießbar, bedeutet das kommenden Ärger. Bietet man F. an, stehen nach Meinung altägyptischer Traumforscher angenehme Begegnungen in Aussicht. Die indische Traumschrift »Jagaddeva« schließt auf persönliches Glück, wenn man F. sammelt oder genießt.

Frühling: Die Zeit, da alle Knospen sprießen, ist Beweis unserer Potenz, das jugendlich-sexuelle Unbekümmertsein auch bei älteren Menschen. Aber der F. ist auch ein Zeichen dafür, dass es nicht immer so weitergehen wird, dass wir für den Winter, das Alter, vorsorgen sollten, wobei der Lenz immer als die Jahreszeit des Werdens, der Jugend gilt.

Funde machen: der Hinweis auf den Zufall, der uns zu Hilfe kommen soll, auf den wir im Wachleben meist vergeblich warten, weshalb wir uns besser auf unsere eigenen Werte verlassen sollten.

Fünf: Nach der chinesischen Philosophie die Zahl der Mitte, in der sich das Weibliche (Yin) mit dem Männlichen (Yang) verbindet. Sie ist die Zahl des natürlichen frischen Lebens. Wo sie erscheint, ist das Glück nicht mehr weit, sagt der Chinese.
Funken: Wo sie sprühen, wird man selbst vor Freude sprühen können. Verliebten verkünden sie die nahe Hochzeit, den Eheleuten ein glückhaftes Ereignis.
Furcht: Siehe Angst.
Fuß: In der Psychoanalyse hat er phallisch-sexuelle Bedeutung. Er weist vor allem auf unseren Standpunkt hin, auf das Weiterschreiten auf dem Lebensweg im guten oder im schlechten Sinne. Sich ohne Füße oder Beine zu sehen, heißt also übersetzt, den Boden unter den Füßen oder die reale Einstellung zum Leben verloren zu haben.
Füttern von Tieren: deutet auf einsame Gefühle hin, die jemanden finden möchten, dem man zugetan sein kann.

G

Gabel: Mit einer G. hantieren gibt Streit. Dagegen bringen Heu- oder Mist-G. Glück, weil sie Zeichen der Erfolg versprechenden Arbeit sind.
Galgen: Man hängt daran seine Lasten auf, an denen man schwer trägt. Das Zeichen des G. kann als Glück versprechend gedeutet werden. Wenn man selbst am G. hängt, hat man das Schlimmste bereits schon überwunden. Sieht man andere am G. hängen, überzeugt man Missgünstige durch die eigene Freundlichkeit und Liebenswürdigkeit.
Gans: Tatsächlich geht eine »dumme Gans« durch unseren Traum, die auch auf sexuelle Unerfahrenheit oder Verklemmungen hinweisen kann. Eine gerupfte G. ist unser Ebenbild, wenn wir uns weiter ausnutzen lassen und das Geld für allerlei unnütze Dinge ausgeben. Das Schnattern der Gänse lässt auf üble Nachrede schließen.

Garben: Das Erworbene, das man festbinden sollte, damit man es nicht verliert. Bindet man G., wünscht man sich insgeheim einen neuen Partner, den man an sich binden möchte.

Garn spinnen: In Gedanken sich um das andere Geschlecht bemühen (siehe auch Faden).

Gardine, sich dahinter verbergen: Zeigt die Angst auf, dass irgendetwas aufgedeckt werden könnte, was wir vor anderen verbergen wollten.

Garten: Der Traumbereich, in den man nur wenige hineinlässt. Oft ist er mit einer Mauer ringsum bewehrt, und die Eingangstür ist eng. Er stellt das Innere unserer Seele dar, und je nachdem, ob er blüht oder verwildert ist, lässt sich der Zustand der Seele orten. Altägyptische Traumforscher schon schlossen aus dem Spaziergang durch einen schönen G., dass man sein ganzes Leben gut gestalten werde. In erotischen Männerträumen ist er der Leib der Frau, das Paradies, das es zu suchen gilt. Vorsicht nur vor Nachbars G.!

Gärtner: Ziehen das Unkraut aus dem Seelengarten, bringen Ordnung ins Leben, das vielleicht zu verwildern drohte. Der Traum vom G. weist daraufhin, dass in unserer Seele irgendetwas in Ordnung gebracht werden muss.

Gast sein: nach Meinung altägyptischer Traumforscher gleichbedeutend mit größeren Geldausgaben, die bevorstehen. Vielfach übersetzt der Gasttraum auch nur den Wunsch nach Geselligkeit.

Gasthaus: Unter dem Symbol Haus lesen wir, dass es sich dabei um unseren Körper handelt. Das Gasthaus könnte also darauf hinweisen, dass wir in nächster Zeit für unseren Körper etwas ausgeben müssen, damit er wieder leistungsfähig wird. Das kann ein Urlaub sein, eine Kur oder ein Krankenhaus-Aufenthalt.

Gatter, das uns den Einlass auf eine blühende Wiese verwehrt: Wir werden auf das Glück noch ein wenig warten müssen, uns bescheiden mit dem, was uns im Augenblick geboten wird.

Gaumen: Er verspricht Gaumenfreuden, die wir übrigens im Traum richtig schmecken können.

Gauner sind auch im Traum die Menschen, die uns übervorteilen wollen. Wo ein G. auftaucht, sollten wir misstrauisch werden. Gebäude: Siehe Haus.
Gebet: Meist das Hilfesuchen des Unbewussten, das sich in einer Klemme sieht.
Gebiss: Siehe Zähne.
Gebundensein an Händen und Füßen: Man fühlt sich an irgendetwas gebunden, will aber die Fessel sprengen. Das kann auch ein innerer Reifeprozess sein.
Geburt: Bei Frauen sollte ein geheimer Wunsch in Erfüllung gehen, das ist aber nicht nur der Wunsch nach einem Kind. Der Mann, der selbst ein Kind bekommt, kann eine zündende Idee durchführen. Träume von der G. kündigen im Allgemeinen eine günstige Zeit an.
Geburtstag: Den eigenen G. feiern, beweist die gute Konstitution des Träumers, die ihm ein langes Leben bescheren wird. Den G. anderer feiern: Man gönnt auch anderen Vorteile. Wer im Traum Geschenke fordert, sollte seinen Egoismus etwas abbauen.
Gebüsch: Siehe Busch.
Gefahren: Sind nicht wörtlich zu nehmen, sondern oft nur die Warnung vor einer Konfliktsituation, die es zu lösen gilt, der Hinweis auf eine Lebensumstellung im positiven Sinn. Auch Komplexe, falsche Bindungen, sexuelle Schwierigkeiten können damit gemeint sein; sie sind aber durchaus lösbar.
Gefängnis: Sich als Gefangenen sehen, heißt übersetzt, dass einen Gefühle gefangen halten, wo man eigentlich realistisch denken sollte. Das G. deutet manchmal an, dass man nicht mehr Herr seiner freien Entscheidung ist.
Gefäße: Sind günstig, wenn sie voll sind. Sollten sie leer oder voller Unrat sein, deuten sie Verluste.
Geflügel: Siehe Federvieh.
Gefrorenes essen: Man wünscht, dass das Eis in einer Verbindung auftaut, dass sie wieder so herzlich wird, wie sie einst war oder wie man es sich erhofft hatte (siehe auch Eis).

Gehen: Der Schrittzähler auf dem Lebensweg. Langsam g.: Man wird nur mit Bedacht zu etwas kommen, dabei vielleicht sogar den Anschluss verpassen. Schnell g.: Man wünscht sich rasche Erledigung eines anstehenden Vorhabens. Ein Spaziergang bedeutet immer Glück.

Geige: Sie offenbart die erotische Kraft der Frau, das Drängen dessen, der den Bogen führt, nach glückhaft-harmonischer Vereinigung. Mehrere G. spielen sehen: Man ist sich noch unschlüssig, sehnt sich aber nach innerer Harmonie.

Geister zeigen meist eine Verwirrung in unserem Innenleben an. Sie beweisen, dass wir leicht in Versuchung zu führen sind, einen etwas labilen Charakter haben.

Geistlicher: Bei Frauen oft eine männliche Figur, die das Gefühl vertieft, manchmal aber auch eine Gardinenpredigt hält. Sonst Erinnerung an einen Seelsorger oder an einen fürsorglichen Menschen, dessen Rat wir gerade im Augenblick gebrauchen könnten.

Gelb: Die Farbe der Sonne, die das Leben erhellt und erleuchtet. Goldgelb bedeutet die Weisheit und die Großherzigkeit, Mittelgelb Egoismus und Blassgelb Enttäuschungen, die das Leben beschert.

Geld: Günstig, wenn man es erhält oder findet, meist aber nicht im eigentlichen, finanziellen Sinne zu deuten (man erhält oder findet übersetzt Liebe, Arbeit oder man vergeudet Zeit, Energie). Viele finden zum Beispiel in einem Lehrbuch, das sie nur ungern lasen, G.; damit werden sie darauf verwiesen, wie notwendig für sie eine Weiterbildung ist. G. ist, tiefenpsychologisch gesehen, die eigene Kraft, die seelische Energie, die man sammeln, aber auch verschleudern kann. In Träumen von G. kann sich Potenz oder Impotenz ausdrücken, Gewinn und Verlust, Reichtum oder Armut in seelischer Beziehung. Wichtig dabei ist die Herkunft des G., der Ort, wo man es erhält, seine Farbe und seine Zahlen (siehe unter diesen Stichwörtern).

Geleise sind die vorgezeichneten Pfade auf unserem Lebensweg, von denen wir nicht abweichen können.

Geliebte/Geliebter: Bei Verheirateten deutet der Wunsch, eine(n)

G. zu haben, das Unbefriedigtsein in der Ehe an. Sonst sehnt man sich nach Glück in der Liebe, das als sexuelle Hörigkeit umschrieben werden kann.

Gemüse, vor allem Kohl: deutet auf Verdruss hin, denn zu leicht ist man verführt, zu viel davon zu essen, was Beschwerden nach sich zieht. Selbst der Anbau von G. ist darum nicht günstig zu werten: Man wird um eine Hoffnung ärmer.

Genitalien sind eindeutig sexuell; signalisieren zu viel Vitalität.

Gepäck ist die erweiterte Persönlichkeit des Träumers, seine Kraft, seine Fähigkeit, die Lebensreise gut zu überstehen. Kommt es abhanden, kann das großen Energieverlust oder Krankheit bedeuten.

Gericht: Vor einem G. stehen und angeklagt sein: übersetzt die kleine Charakterschwäche, die uns im Alltag Freude kosten kann. Sieht man nur das Gebäude, so macht man sich im Privatleben unnötige Sorgen. Wird man verurteilt, liegt irgendein schwarzer Punkt auf unserer Seele.

Gerüste sind für Ungeübte meist schwer zu besteigen, das heißt, wir sollten uns nicht in Gefahr begeben. Wer auf einem G. schwindelfrei arbeitet, der wird mutig eine augenblicklich anstehende Angelegenheit meistern.

Geschäft: Siehe Laden.

Geschenke lassen sich nicht immer einordnen. Meist sind sie mit einer Umwandlung des bisherigen Lebensstils verbunden, in dem uns oft nichts geschenkt wurde. Die alten Ägypter glaubten, dass G., die man bekommt, auf eine Besserung der bisherigen Verhältnisse hinweisen würden (siehe auch Geburtstag).

Geschwister: Beim Mann sind die G. Ich-Schatten der Seele, in der Gestalt des Bruders das Schwache, aber auch das unbewusst wertvoll Gebliebene. Bei der Frau ist die Schwester ein Schatten, der Bruder Vertreter der inneren männlichen Gefühlswelt. Der Streit mit den G. wird in den Alltag als Verdruss übersetzt, als eine Verschlechterung der augenblicklichen Lage. Spricht man mit G., sollte man das als Warnung nehmen, sich nicht in Missverständnisse zu verstricken. Verliert man im Traum G., wird man über kurz oder lang in eine Zwangslage kommen.

Gesellschaft besuchen: nach altägyptischen Traumforschern in verwirrende Verhältnisse kommen.

Gesicht: Man achte auf die Farbe des G.; ist es blass, steht eine schlechte Nachricht ins Haus, ist es frisch, können wir das Leben und die Liebe genießen. Ein schönes G. verspricht Freuden, ein hässliches Leiden. Wäscht man sein G., darf man davon ausgehen, dass man sich von einer Schuld rein waschen kann. Wird das G. geschminkt, will man irgendetwas übertünchen, vielleicht eine Charakterschwäche oder gar einen Betrug.

Gespenster: Siehe Geister.

Getreide ernten: Man wird keine Not leiden, wenn man hart um den Erfolg der Arbeit ringt.

Gewehr tragen und schussbereit sein: bei Männern Liebesglück, bei Frauen ein Wechsel, der sich auf die Liebe oder die Familie bezieht. Wer mit einem G. schießt, will einen Nebenbuhler im Privatleben treffen, der einem hart zusetzt, oder auch einen Konkurrenten im Beruf.

Gewinne: Auch wenn sie ausdrücklich als Geld-G. deklariert sind, haben sie kaum etwas mit finanziellem Erfolg zu tun, sondern fast immer mit ideellen Gütern, wie einer neuen Freundschaft, einer sich verzehrenden Liebe, mit Familienglück.

Gewitter: Siehe Blitz sowie Donner.

Gewürze schmecken: kann von äußeren Reizen herrühren; sonst sind sie Hinweise darauf, dass man einem bestimmten Menschen oder einer gerade anliegenden Sache mehr Aufmerksamkeit schenken sollte.

Gicht, die man selber hat: Sorgen, dass man nicht mehr recht mit den anderen mitkommen könnte. Wenn andere die G. haben, sind diese im engeren Umkreis zu suchen, das heißt einem Familienmitglied oder einem Bekannten kann ein Unfall zustoßen.

Gift: Gibt man jemandem im Traum G., will man in Wirklichkeit seinen Kopf durchsetzen, stur auf einem einmal gefassten Standpunkt verharren. Gibt uns ein anderer G., lässt uns die Sturheit eines bestimmten Menschen verzweifeln. Indische Traumforscher glaubten sogar, dass man von schwerer Krankheit befreit werde, wenn man G. im Traum bekomme.

Gitarre: Hat wie die meisten Saiteninstrumente mit dem Eros zu tun. Hört man die G. spielen, wird man einem vergnügten Beisammensein mit lieben Menschen entgegensehen können. Sexuelle Wünsche, die bisher keine Erfüllung fanden, hat der Träumer, der die G. selber spielt.

Gitter: Trennung. Das kann durch eine Reise sein, das kann aber auch auf die Reise in eine andere Welt hinweisen. Man beachte dabei weitere Traumsymbole.

Glas, das zerbricht lässt das Glück zerbrechen. Ein bis zum Rande gefülltes G. verspricht frohe Stunden, wenn wir es austrinken, prächtige Gesundheit.

Glatze: Nach Artemidoros bedeutet der Verlust der Haare den Potenzverlust. Wer eine G. sieht, steht kurz vor der Lösung eines Rätsels, das ihm das Leben stellte.

Glocken läuten hören: Man wird eine erfreuliche Nachricht erhalten. Oft läuten sie auch ein nahes Familienereignis ein, manchmal sind sie Stimme des Herzens. G. aber, die nur schwingen und nicht klingen, kündigen dem Träumer an, dass er im Alltagsleben nicht so recht weiß, woher der Wind weht, dass er sich in einer bestimmten Sache, die gerade ansteht, nicht auskennt und darum sich lieber etwas anderem zuwenden sollte.

Gold ist gleich Erfolg zu setzen. Wer G. findet, bekommt unerwartet Geld ins Haus, wer es verliert, der sollte in nächster Zeit seinen Geldbeutel nicht zu sehr herzeigen. Verschenkt der Träumer G., muss er sich im Wachleben mehr zurückhalten. Und wer sich mit G. schmückt, der wird ein wenig leichtsinnig sein.

Gondel: Ein schwankendes Verkehrsmittel, übersetzt das Abenteuer, aus dem man nicht ungeschoren herauskommt.

Grab: Siehe Friedhof und Denkmal.

Graben überspringen: Man wird ein Hindernis mit Bravour nehmen. In den G. fallen: Man kann sich aus einer schlechten Lage nicht befreien.

Granaten, die im Traum einschlagen: Ereignisse, die einen plötzlichen Umschwung in einer Angelegenheit bewirken, die einem sehr am Herzen liegt.

Gras: Wenn es grünt und frisch ist, kündigt es Wohlergehen und Wohlstand an. Dürres G. bedeutet hingegen Kummer und Notlagen.

Großeltern wollen den Träumer selbst dann noch beschützen, wenn sie längst tot sind. Freilich müsste er ein gutes Verhältnis zu ihnen gehabt oder von ihrer Güte durch die eigenen Eltern erfahren haben. Spricht er mit den G., so bedeutet das guten Rat in finanziellen Dingen. Manchmal weisen die G. auch auf ererbte Schwächen hin, die es auszumerzen gilt.

Grün: Die Farbe des Frühlings, der Hoffnung, der Empfindungen, die Beziehung des Träumers zur Wirklichkeit, das einfache Leben, dem man mehr Beachtung schenken sollte. Die Farbe G. bringt Liebesglück, Freude und Wohlstand. Nur ein giftiges G. hat ein negatives Vorzeichen, es ist die Farbe des Teufels.

Gurken sind gleichzusetzen mit der Begierde nach Gelüsten des Fleisches.

Gürtel enger geschnallt: Eine Bekanntschaft wird weniger herzlich verlaufen als bisher. Werden G. umgelegt, ist die Liebe nicht weit, künden sie vielleicht auch von dem festen Band, das eine Ehe umschließt. Reißt der G., muss man sich von etwas sehr Liebem trennen.

H

Haare: Übersetzt: die ursprünglichen Kräfte. Sie haben nach Freud als sekundäres Geschlechtsorgan phallische Bedeutung. Artemidoros deutet ein Kahlwerden des Kopfes als Verlust von Verwandten oder Besitztümern, reichen, wallenden Kopfschmuck als

Besitzerhaltung oder sogar als Besitzvermehrung; ungekämmtes Haar im Traum kündige Kummer an. Nach Phaldor sind die H. geistige, intellektuelle und materielle Güter, ihr Verlust bedeute Misserfolg und Demütigung. Auch in der modernen Traumdeutung ist der Hinweis auf Verlust von H. eine Warnung vor einem Verlust im Wachleben oder die Angst davor. Wer von H. träumt, der sollte vor allem seine Triebseite in Ordnung bringen. Oft schildern sie auch unseren Seelenzustand; man achte daher, ob es sich im Traum um volles oder dünnes, gepflegtes oder wirres Haar handelte. Abgeschnittene H. deutet die indische Traumschrift »Jagaddeva« als Not und Elend, in die der Träumer stürzen wird.

Hafen: Wer in einen H. einläuft, ist am Ziel einer Reise; eine Hoffnung wurde erfüllt.

Hagel: Streit mit nahe Stehenden durch zu viele Worte; es hagelt Vorwürfe, die uns sehr mitnehmen können.

Hahn: Auf dem Kirchturm mahnt der H., dass es Zeit wird, etwas Bestimmtes zu tun. Der H. aus Fleisch und Blut dagegen ist ein männliches Sexsymbol, das vor allem in Frauenträumen auftaucht. Wenn der H. kräht, ist Untreue im Spiel. Der rote H. hat weniger mit einer Feuersbrunst als mit dem besonders leidenschaftlichen Feuer der Liebe zu tun, allerdings der sich verzehrenden Liebe.

Hals: Wäscht man den H. in klarem Wasser, verspricht das Gesundheit. Ist er geschwollen, ist das kein Krankheitszustand, sondern der Vergleich mit einer prall gefüllten Geldbörse. Erst Wunden oder Geschwüre am H. deuten auf eine krankhafte Veränderung hin.

Haltestelle: Sie ist ein Haltepunkt in unserem Ich, an dem man das bisherige Leben überdenken sollte, vor allem wenn man allein und verlassen längere Zeit an dieser Traumhaltestelle verweilen musste.

Hammer: Ein Symbol der Kraft, die Weisheit gebietet, dass nämlich mit roher Gewalt allein letztendlich nichts erreicht werden kann.

Hand: Die linke H. ist ein weibliches, die rechte ein männliches Symbol. Sie greift, arbeitet, hält fest oder lässt locker. Hier nimmt das Bild des Unbewussten Anleihe im Bewussten: Wer von einer H. und ihrer Tätigkeit träumt, kann diese Handreichung ins Wachleben übertragen. So wird auch das Hand-in-Hand-Gehen als Anknüpfung freundschaftlicher Beziehungen gedeutet. Und wer von Tieren in die H. gebissen wird, der ist eine ganze Zeit lang handlungsunfähig.

Handschuhe anziehen: Man will etwas in seinem Tätigkeitsbereich vertuschen.

Handtasche: Beinhaltet oft den Vorrat an weiblichem Eros. Man beachte, wie viel Geld man darin vorfindet, ob man daraus zahlen muss oder ob sie verschlossen ist.

Handtuch, sich damit abtrocknen: Man will Unangenehmes (dargestellt durch die Feuchtigkeit auf der Haut) nach Möglichkeit vergessen.

Hase: Nach der Mythologie die Frucht bringende Kraft des Mondes, der über Pflanzen und Gewässer herrscht und auch die Zeiten der Frau angibt. In der modernen Tiefenpsychologie das Symbol der animalischen Fruchtbarkeit; wer also einen H. im Traum sieht, dem wird es im Wachleben mehr um die Quantität denn um die Qualität gehen. Der H. ist in seiner Fresslust harmloser zu deuten als Ratten und Mäuse, als innere Feigheit etwa, die man überwinden sollte. Er ist wegen seiner Schnelligkeit sehr schwer zu fangen, man müsste schon ganz fest zupacken; und dieses Zupackenmüssen ist meist die Lehre, die viele Träume vom H. erteilen.

Haus: Gibt Aufschluss über unsere innere und äußere Verfassung. Seit Artemidoros wird es mit dem menschlichen Körper verglichen. So wird auch heute noch die Fassade eines H. auf der psychischen Ebene als die der Gesellschaft zugewandte Seite eines Menschen dargestellt, sie ist der äußere Schein, die Persönlichkeit. Die Stockwerke sind dementsprechend einzelne Körperregionen, auf die das Unbewusste im Traum hinweisen möchte, teilweise auch seelische Bereiche. Das Dach und der Dachstuhl weisen auf den Kopf des Träumers hin in seinen verstandesmäßigen Funktionen, ebenso die oberen Etagen (die »Oberstübchen«). Der Keller in seiner Dunkelheit wird dem Unbewussten selbst zugerechnet (siehe auch unter einzelnen Zimmernamen). Alle Öffnungen wie Türen und Fenster sind dem sexuellen Bereich zugeordnet. Der Traum schildert den Zustand der einzelnen Regionen und was an ihnen renoviert werden müsste. Ein altes baufälliges H. sehen, sollte uns daran erinnern, dass wir notwendige Aufbauarbeiten oder Korrekturen an uns selbst vornehmen sollten. Die Luxusvilla offenbart vielfach geheime Wünsche. Das H., in dem wir arbeiten, gibt Hinweise auf unser Berufsleben und was darin geändert werden müsste.

Haut von einem Tier abziehen: Ein Verlust ist zu erwarten. Zarte H. streicheln: Man will mit Liebe etwas erreichen, was man zunächst nur mit Gewalt zu zwingen glaubte. Sieht man verbrannte H. im Traum, wird man bald eine schlechte Erfahrung machen müssen.

Hebamme: Deutet auf eine Hilfe durch eine weibliche Person hin.

Heft: In ein Schreibheft schreiben, kann die unbewusste Aufforderung sein, endlich seine liegen gebliebenen privaten Schriftsachen zu erledigen.

Heidekraut: Pflanze des Herbstes, verspricht älteren Leuten Freude, jüngeren das baldige Ende einer an sich günstigen Entwicklung. Ist das H. verwelkt, kann unter eine enge Beziehung vielleicht der Schlussstrich gezogen werden.

Heimweh: Die Trauer um etwas unwiederbringbar Verlorenes.

Helm: Wer einen H. trägt, ist schutzbedürftig. Einen H. mit zugeklapptem Visier tragen: Man versucht blindwütig eine Sache anzugehen.

Hemd: Im H. dastehen bezeichnet die Angst, im Wachleben bloßgestellt zu werden. Hier und da ist es aber ein bewusstes Bloßstellen im erotischen Sinn. Wer sein H. wäscht, der will glänzen – in der Liebe natürlich. Und wer ein schmutziges H. trägt, dem ist alles egal, auch dann, wenn er Unannehmlichkeiten bekommt.

Herberge umschreibt die Sehnsucht, mit anderen Menschen zusammen zu sein. Wer die H. leer und verlassen vorfindet, fühlt sich im Innersten einsam.

Herbst: Die Zeit, in der geerntet wird, in der jedoch auch etwas zur Neige geht. Wenn ältere Menschen vom H. träumen, sind sie auf der Höhe ihrer Schaffenskraft, denken aber schon daran, sich zur Ruhe zu setzen. In Männerträumen klingt allerdings oft die Angst um verloren gehende Potenz mit. Bei jüngeren Leuten ist der H. die Ahnung vom Ende einer Beziehung, die man im Augenblick noch trotz mancher Zweifel aufrechterhält, ein Erkalten von Gefühlen, die schon ein anderes Liebesziel ansteuern.

Herd: Psychoanalytisch oft als die eigene Gattin gedeutet, weil er das Feuer gebärt, an dem man sich wärmen kann und der für warmes Essen sorgt. In Träumen vom H. ist aber auch viel von den Lebensbedingungen gesagt, unter denen man – je nach den anderen im Traum erscheinenden Symbolen – sein Dasein fristet.

Herz: Der Herztraum ist ein Warnzeichen. Meist ist eine Krankheit damit gemeint, die man ernst nehmen sollte. Es braucht sich dabei nicht unbedingt um uns selbst zu handeln; wer zum Beispiel träumt, er habe ein krankes H., wird sich vielleicht um einen kranken Verwandten sorgen müssen.

Heu: Wer sich auf H. hinlegt, der muss im Wachleben wahrscheinlich mit weniger als bisher zufrieden sein. Wer H. einbringt oder zusammenrecht, dem wird in nächster Zeit die Kasse klingeln.

Heulen von Hunden oder wilden Tieren: will uns warnen, dass irgendetwas in unserer Umgebung nicht in Ordnung ist, dass vielleicht ein lieber Mensch krank darniederliegen wird.

Hexe: Meist eine alte hässliche Frau, die vor bösen Menschen in unserer Umgebung warnt.

Himbeeren deuten auf Liebe hin. Wer H. pflückt, ist heimlich verliebt. Wer H. isst, kann sich auf intime Stunden freuen.

Himmel: Wenn der H. blau ist, ein günstiges Vorzeichen, denn es lacht das Glück dem Träumer zu. Ist der H. verhangen, muss er auf den Erfolg eines Unternehmens noch eine Weile warten. Ein klarer H. voller Sterne verspricht Geld und Gewinne.

Himmelsrichtungen: Nach Süden führt uns das Gefühl, die Sehnsucht nach Herzenswärme; nach Norden in die Gefühlskälte, aber auch in den Bereich des kühlen Verstandes, der Intuition; nach Westen in die Gegend, wo die Sonne untergeht, in die Nacht, aus der Gefahren lauern; nach Osten der Sonne entgegen, dem Licht, das unseren Lebensweg erhellt.

Hinken: Sieht man andere h., sollte man sich prüfen, ob man nicht ein wenig arrogant den Mitmenschen gegenübertritt. Selbst h.: Man kommt nicht so recht vorwärts und jammert darüber, statt sich zusammenzunehmen und mit Energie gegen den inneren Schweinehund anzukämpfen.

Hinterteil: Symbol des Infantil-Sexuellen. Man erinnert sich dabei meist an seine Jugend und sucht hier die Wurzel allen Übels.

Hintertreppe: Man versucht, auf einem Umweg zum Ziel zu kommen. Vielfach kommt die H. in Eroträumen vor.

Hirsche versprechen Frauen Liebesglück, wobei sie möglicherweise jemandem Hörner aufsetzen werden, Männern gute Geschäfte und zündende Ideen, die in stattliche Gewinne umschlagen können.

Hirten mit einer großen Herde lassen auf ein großes Vermögen hoffen, das sich vermehren wird. Alten Leuten versprechen H. einen geruhsamen und gesunden Lebensabend.

Hitzegefühl: Deutet auf eine Arbeit hin, bei der der Schweiß vor den Erfolg gesetzt wurde. Oft ist H. auch Ankündigung einer Krankheit.

Hobeln: Erziehungsversuche, die wir starten, um unsere Umwelt in unserem Sinne zu beeinflussen. Sehen wir andere h., haben wir Angst, dass diese den Spieß umdrehen könnten.

Hochzeit ist Ende und Anfang zugleich, der Wechsel von einer Lebensphase in die andere. Ist man zu Gast bei einer H., verspricht das einen Wechsel zum Besseren. Feiern wir selbst unsere H., wird sich unser bisheriger Lebensstil verändern, was eventuell sogar mit dem Lösen der augenblicklichen Bindungen verbunden ist. In der indischen Traumschrift »Jagaddeva« wird die H. freilich mit nahem Tod oder zumindest mit großem, tiefem Schmerz übersetzt.

Hof, umgeben mit schönen Gebäuden: Man will sich mit netten Menschen umgeben.

Höhle: In einer H. übernachten übersetzt sich mit der Ratlosigkeit der Seele in einer ausweglosen Lage. Wohnt man dort, will man allein sein, wobei der Grund freilich auch Kontaktarmut sein kann. Gelingt es uns, aus der H. hinaus ins Freie zu treten, dürfen wir gewiss sein, eine schwere Zeit glücklich überstanden zu haben. Steigt man aus einer H. furchtvoll empor, wird man nach der indischen Traumschrift »Jagaddeva« das Glück beim Schopfe fassen. Dagegen enthüllt der Sturz in eine H. eine traurige Zukunft.

Hölle: Das schlechte Gewissen, das sich in uns regt und uns manchmal wahre Höllenqualen beschert.

Holz hacken: Unsere Arbeit wird mit gutem Geld gelohnt. Andere hacken sehen: Eine Trennung steht bevor. Das Sägen von H. schildert die Mühseligkeit, mit der wir manches in unserem Wachleben verrichten. Schichten wir das H. auf, beweist das unseren guten Willen, in unserem Leben Ordnung zu schaffen.

Honig: In Indien das Symbol des Feuers, das in jedem brennt, der Enthüllung des eigenen Ichs. Bei vielen Naturvölkern gilt H. als Mittel der Wiedergeburt, übersetzt das süße Leben, nach dem sich jeder sehnt.

Hosen, die man sich anzieht: können auf übermäßiges Machtgefühl schließen lassen. Wer die H. auszieht, dessen Ansehen wird Schaden erleiden.

Hotel: Ein etwas dubioser, unpersönlicher Raum, in dem wir Einkehr halten. Die Mitgäste sind bedenkliche Schatten unseres eigenen Wesens. Irgendetwas scheint in uns auf unbewusster Reise zu sein. Man achte auf die Namen der Hotels (oft tragen sie Tiernamen), dann könnte man die Reise unseres Ichs mit den entsprechenden Symbolen in Verbindung bringen.

Hufeisen: Man hüte sich vor dem bösen Blick unserer Neider, die uns auf eine falsche Fährte lenken möchten.
Hühner: Sie gackern durch unsere Träume und können uns in leichte Panik versetzen. Übersetzt sind es die Gedanken, die wir nicht unter Kontrolle haben, die Armut des Geistes, die sich in der Wertschätzung des Kleinlichen ausdrücken kann (siehe auch unter Federvieh).
Hund: Wo der H. uns begleitet, hält der Instinkt uns wach. Wo er angekettet ist oder gequält wird, ist auch in uns irgendetwas gequält, brodeln im Unbewussten Minderwertigkeitskomplexe. Gehorcht uns der H., haben wir in der Liebe schöne Tage. Verbellt er uns, und haben wir Angst vor ihm, ist unsere Beziehung zum Erotischen ein wenig mühsam und verkrampft. Große H. verstärken, kleine vermindern das bisher Gesagte. Auch die Bedeutung »auf den Hund kommen« ist im Vergleich mit anderen Symbolen eines Traumes manchmal angebracht. Trägt man einen H. auf dem Arm, so hat man das Triebhafte in seiner Gewalt. Ein toter H. deutet darauf hin, dass in irgendeinem Seelenwinkel etwas abgestorben ist, das wir zu neuem Leben erwecken sollten. Artemidoros glaubte übrigens, dass man sich vor Betrügern hüten sollte, wenn ein fremder Hund einen anwedelt. H., die bellen und beißen, würden beweisen, dass jemand dem Träumer Verluste beibringen möchte.
Hunger: Vielfach in Angstträumen vorhanden, wobei die Seele uns vor etwas warnen möchte, was allerdings nichts mit leiblichen Genüssen zu tun hat.
Hut: In der Psychoanalyse immer ein Sexualsymbol, das in Beziehung zum männlichen Organ, zu Potenz und Impotenz oder zu bestimmten Mitteln gebracht wird, die eine Empfängnis verhindern sollen. Mit anderen Traumsymbolen gekoppelt, bedeuten H. aber auch die Ideen, die durch den Kopf schießen. Ein besonders schicker und großer Damen-H. weist auf feurige Gefühlssehnsüchte und triebhafte Phantasien hin, die im Alltagsleben unterdrückt werden. Andere Deutung: Man ist in guter H.

I

Igel: Das Unbewusste setzt die Stacheln um in die Abwehrbereitschaft, dass man im Wachleben ruhig einmal seine Stacheln zeigen sollte gegenüber Menschen, die einem nicht wohl wollen.

Impfen: Auch das Unbewusste sieht den Vorgang des I. als Schutzvorrichtung an. Wer im Traum Angst vor dem I. hat, wehrt sich gegen etwas, das eigentlich zu seinem Nutzen ausschlagen könnte. Impft man selbst jemanden, will man ihm im Wachleben seinen Willen aufzwingen. Wird ein Kind geimpft, könnte das der Hinweis darauf sein, dass man einen Wehrlosen gegen Umwelteinflüsse schützen möchte.

Insekten: Weisen meist auf die Stärke oder Schwäche unserer Nerven hin, die von Hunderten von Eindrücken und Einflüssen täglich umschwirrt werden. Da können einem leicht die Nerven durchgehen, wenn man von diesen kleinen Wesen gestochen wird (siehe auch unter einzelnen Insektennamen).

Insel: Zeichen der Einsamkeit der Seele, ein Eiland im tobenden Meer der unterschiedlichsten Umwelteinflüsse. Man will sich auf eine Insel zurückziehen, um für den Lebenskampf neue Kräfte zu sammeln.

Invalide: Die Warnung, an Menschen nicht vorbeizugehen, die unserer Hilfe bedürfen. Sich selbst als I. sehen: Man sollte sich zusammenreißen und nicht aufgeben, selbst wenn erhebliche Widerstände sich im Wachleben entgegenstellen.

Inzest: Beischlafähnliche Szenen mit engen Verwandten haben meist keine sexuelle Bedeutung. Im Gegenteil wird hier eher klar, dass in den Beziehungen zwischen Eltern und Kindern oder unter Geschwistern zum Beispiel die Herzlichkeit fehlt, nach der sich der Träumer unbewusst zurücksehnt. Manchmal kann I. mit einem Verwandten auch heißen, dass dieser in Gefahr und in Not ist, auf jeden Fall unserer Hilfe bedarf. Die Seele signalisiert gewissermaßen, dass man sich mehr um ihn kümmern sollte.

Irrenhaus: Völlig normale Menschen träumen manchmal davon, dass sie in ein I. eingeliefert werden, aus dem sie von nun an nicht mehr herauskommen sollen. Übersetzt in die Wirklichkeit ist ihr I. nichts anderes als die Umschreibung ihres vielleicht ein wenig unsteten Lebenswandels, der wieder in die richtige Bahn gelenkt werden sollte. Der Traum kann auch eine gewisse Auswegslosigkeit aus einer bestimmten Alltagssituation offenlegen. Das kann eine Krankheit sein, deren Symptome uns bedrücken, oder berufliche Kränkungen, über die wir im Innersten nicht hinwegkommen, vielleicht auch eine Krise im zwischenmenschlichen Bereich.

J

Jagd: Wer im Traum auf die J. geht, sucht etwas im Wachleben, den verständigen Ehepartner oder den idealen Chef. Er jagt nach dem Glück. Kommt er ohne Beute von dieser J. zurück, steht er im Alltagsleben mit leeren Händen da und ist verzweifelt, dass ihn niemand verstehen will.

Jongleur sehen und seinen Kunststücken zuschauen: Man verschafft sich Vorteile, indem man anderen bei der Arbeit zuschaut. Selbst Jongleur sein: Man möchte zu gern im Wachleben die Balance halten, sich ohne Sorgen durchs Leben jonglieren, ohne dass dabei etwas zu Bruch geht.

Jucken: Der Reiz kann von außen kommen, etwa von einer kitzelnden Bettfeder, doch der Traum nimmt ihn auf und übersetzt ihn auf seelische Nöte, die gerade anstehen, auf die Angst vor einer Prüfung, auf die Eifersucht gegen einen Nebenbuhler. Wenn der Reiz von außen nicht gegeben ist, kann das J. auch bedeuten: Es juckt einen, irgendetwas Bestimmtes zu tun, es juckt das Geld in den Fingern.

Juwelen: Tauchen oft in Wunschträumen auf. Man kann sie als Wunsch nach einem besseren Auftreten deuten, als Hoffnung darauf, dass man zu etwas kommt.

K

Kabel einer elektrischen Leitung: Man sucht oder findet Anschluss. Ist das K. im Traum zerstört, lässt sich auf einen Träumer schließen, der im wachen Zustand keinen rechten Kontakt bekommt.

Käfer: Wo sie kribbeln und krabbeln, nagen an unserer Seele Zweifel, sind die Nerven oft bis zum Zerreißen gespannt; das kann aus einer Liebesbeziehung herrühren, mit der man nicht so richtig fertig wird, aber auch aus dem Alltagsstress gedeutet werden. Hier und da weisen K. auf Freunde hin, die einem allmählich mit ihrer Aufdringlichkeit auf die Nerven gehen.

Kaffee: Die Form der Bohne ist erotisch zu deuten. Wer den K. allein trinkt, will möglicherweise ein Liebeserlebnis zu zweit haben. Wer K. in Gesellschaft trinkt, setzt sich höchstwahrscheinlich zwischen zwei Stühle.

Käfig: Er schildert das gefühlsmäßige Beengtsein. Wenn im K. ein Tier eingesperrt ist, wird man der negativen Aussage eines Tiersymbols Herr. Ist man selbst in einem K., deutet das auf Minderwertigkeitskomplexe hin, auf ein Gefängnis unserer Seele, die das Gute will, aber aus unserer Alltagshaut nicht heraus kann.

Kahn: Siehe Boot.

Kaiser: Strahlen im Traum Glanz ab, lassen uns auf Förderung hoffen, auf das Glück aus dritter Hand. Sieht man sich selbst als K., weist das auf die eigene Überheblichkeit hin, die uns im Alltagsleben kaum Freunde gewinnen wird.

Kajüte: Beengter Raum, in dem keine vernünftige Planung für die Weiterreise unseres Lebensschiffleins möglich ist. Man will aus dieser meist halbdunklen Enge ans Licht. K. künden manchmal auch eine Ortsveränderung oder einen beruflichen Wechsel an.

Kalender: Man ist mit der Einteilung des Alltagstrotts nicht zufrieden, will sie zum eigenen Vorteil ändern, um so zu etwas zu kommen.

Kälte: Immer ein Zeichen, dass in einem etwas friert. Das kann die Ahnung einer kommenden Krankheit sein oder auch ganz einfach Herzenskälte (siehe auch unter Frieren).

Kamin: Nach Freud weiblich-sexuell zu sehen. Brennt im K. das Feuer lodernd und hell, haben wir nichts zu befürchten, weder im Intimleben, noch im Beruf. Qualmt der K. und zieht der Rauch schlecht oder gar nicht ab, ist im Privatleben »Qualm in der Küche«.

Kämmen und damit die Haare in Ordnung bringen: Man schafft Ordnung in seinem Triebleben und gewinnt des Partners Herz. Wer durch K. sein Haar noch mehr in Unordnung bringt, hat entweder ein etwas schlampiges Verhältnis oder in der Liebe Komplexe, die er durch besonders forsches Auftreten verschleiern will.

Kammer: Deutet, wenn sie klein und eng ist, auf körperliches Unbehagen hin.

Kampf, sich darin einlassen: Man will einen augenblicklichen Konflikt lösen. Aktiv mitkämpfen: Man stemmt sich gegen eine aussichtslos erscheinende Lage und kann sie meistern. Beim K. zuschauen: Man schaukelt sich aus einer Schwierigkeit nur mit Hilfe anderer heraus.

Kaninchen: Siehe Hase.

Kanne, daraus trinken: Man schöpft neue Kraft in vollen Zügen. Eine leere K., aus der man trinken will, verkehrt das eben Gesagte ins Gegenteil.

Kanonen tauchen manchmal in Erinnerungsträumen auf, die uns an eine augenblickliche prekäre Lage mahnen. Sie versetzen uns in Angst und Schrecken, als Abwehrmittel unserer Seele, uns vor Schaden zu bewahren.

Kanonendonner ist als Nachricht zu verstehen, die uns meist Sorgen bereitet.

Kapelle: Sie mahnt zur besinnlichen Einkehr, zum notwendigen Überdenken unseres Handelns, ob wir auch alles richtig gemacht haben.

Kapitän: Er steuert unser Lebensschiff sicher durch alle Klippen.

Wenn auch das Ziel seiner Fahrt stets im Nebelhaften bleibt, können wir doch darauf vertrauen, dass uns ein treuer Begleiter zur Seite steht.

Karneval: Siehe Fasching.

Karren ziehen, die übervoll beladen sind: Man schleppt etwas mit sich herum, das Kummer macht, möglicherweise eine Krankheit. In diesem Falle sollte man mal einen Arzt konsultieren. Zieht ein anderer den K., ist jemand aus dem Familienkreis bedroht.

Karten spielen: Deutet auf Leichtsinn hin, der Ansehen, aber auch eine Stange Geld kosten kann.

Kaserne: Das Haus, in dem man unter Zwang steht, ist übersetzt unser Körper, dem wir zu viel zutrauten, die mangelnde Kondition, die uns beizeiten schlapp werden lässt, im Beruf wie in der Liebe.

Kasse, die leer ist: Man kann einen Geldzufluss erwarten, mit dem man eigentlich gar nicht mehr gerechnet hat. Wer Geld in der K. zählt, will es zusammenhalten.

Kater: Nach Artemidoros' Auslegung ein Ehebrecher, weil er ein Vogeldieb ist.

Katze: Von einer K. träumen viele Frauen. Sie umreißt das katzenhaft Ungebundene, das zwar mit Sammetpfötchen das Ziel sexueller Wünsche zu erreichen sucht, aber dann mit scharfen Krallen zupackt und nicht mehr loslässt. Übersetzt auch die »wilde« K. im Wesen einer Frau, das Triebhafte, das im Wachbewusstsein meist scheu überdeckt und nur im Traum in Gestalt der K. offenbart wird. In Männerträumen ist die K. oft Ersatzbild der Frau, die man sexuell besitzen möchte.

Kauen: Tätigkeit, die an das Mahlen der Mühlen erinnert. Das Sprichwort »Gut gekaut ist halb verdaut« ist hier anzubringen: Man sollte keine Mühe scheuen und viel Geduld aufwenden bei der Lösung von Problemen, die augenblicklich anstehen.

Kaufen: Deutet auf den Willen hin, sich etwas zuzulegen, was man noch nicht hat. Aus dem, was man kauft, kann man möglicherweise das herausdeuten, was uns unbewusst fehlt.

Kauz: Siehe Eulen.

Keiler: Triebhaftigkeit, die in vernünftige Bahnen gelenkt wird, auch das Glück, das man beim anderen Geschlecht hat.

Keller: Der Bereich des Unbewussten. Wer in den K. hinabsteigt, der hofft, etwas ans Licht bringen zu können, seelisch Belastendes, das man loswerden möchte. Tappt man in einem dunklen K. umher und fürchtet sich, will jemand dem Träumer am Zeuge flicken. Sucht man im K. nach einem Einbrecher, ist man sich seiner Sache nicht ganz sicher.

Kerze: Männliches Sexsymbol. Wenn die K. hell leuchtend brennt, wird die Liebe erwidert; wenn sie verlöscht, kommt man nicht ans Ziel seiner Träume.

Kessel: Wie andere Gefäße auch, sind K. nicht unbedingt günstig zu deuten. Ein voller K. kündigt viel Arbeit mit ungebetenen Gästen an, ein leerer Streitigkeiten. Kocht der K. über, werden wir wohl von einer Aufregung in die andere gestürzt.

Kette: Nach Artemidoros das Sinnbild des Sich-gebunden-Fühlens. Zerreißt eine K. von selbst, steht eine Trennung bevor. Zerreißen wir selbst die K., setzen wir uns im Leben durch. Wer mit einer K. gefesselt ist, der erreicht im Leben nicht allzu viel, weil er sich nicht von Vorurteilen freimachen kann.

Kilometerstein: Steht an einem Wendepunkt des Lebens.

Kind: Macht Eltern auf Schwierigkeiten ihres eigenen K. aufmerksam, auch wenn das Traumbild Günstiges vorgaukelt. Es weist oft auf einen verborgenen Weg, den man erfolgreich beschreiten, oder auf eine Kostbarkeit hin, die man gewinnen könnte. Im negativen Sinn zeigt das K. einen allgemeinen Notzustand auf, oder es steht für ein Tier, das unserer Hilfe bedarf. Mehrere K., die im Traum erscheinen, beweisen, dass irgendetwas in unserer Seele in Aufruhr ist, dass man ratlos gegenüber der Umwelt dasteht. Wer ein K. trägt, kann gewiss sein, aus einer Konfliktsituation herauszufinden. Wer ein K. fallen sieht, dem droht ein Missgeschick.

Kino: Im Traum wird uns oft der Teil eines Filmes vorgespielt, den wir gerade gesehen haben. Aber er ist sichtbar verändert: Hier wird unser eigener Lebensfilm vorgeführt! Das Unbewusste schildert uns in einem Gleichnis die Situation, in der wir uns befinden. Aus dem Halbdunkel des Seelen-K. heraus wird sich manches erhellen.

Kirche: Wenn der Weg in die K. versperrt ist, hat man im Wachleben alltägliche Konflikte zu lösen. Wer in der K. sitzt, sucht Ruhe, innere Ausgeglichenheit. Der halbdunkle Raum dort kann auf das Ungewisse im Leben hinweisen, auf das Nicht-mehr-ein-noch-aus-Wissen. Wenn in einer K. Obszönes geschieht, deutet das selbst bei unreligiösen Menschen auf Unbeherrschtheit im sexuellen Bereich hin. Altägyptische Traumforscher glaubten, dass man Trost erhalte, wenn man sich in einem Gotteshaus befinde.

Kirschen deuten auf ein Liebeserlebnis hin, schwarze Kirschen auf Leidenschaften, die in der Liebe Leiden schaffen. Pflückt man K., gewinnt man neue Freunde oder festigt eine bestehende Verbindung. Süße K. sind wie Küsse, saure bringen Enttäuschungen mit sich.

Kissen schütteln: Man ist besorgt ums eigene Heim. Ist das K. zerrissen, sind kleine Streitereien in Sicht. Ist es frisch überzogen, kann man mit Glück und Freude, aber auch mit liebem Besuch rechnen. Ein daunenweiches K. kündet eine Hochzeit oder eine sichere neue Stellung an.

Kiste: Ist die K. verschlossen, müssen wir ein Geheimnis für uns behalten. Ist sie geöffnet, wird uns etwas offenbart, das uns glücklich stimmt.

Kitzeln: Wenn wir jemanden k., fügen wir ihm eine Kränkung zu. Werden wir selbst gekitzelt, sollten wir nicht den Gekränkten spielen.

Klarinette: Instrument der Männlichkeit, für Frauen ein fröhlicher Sexpartner, bei Männern der Einsatz des eigenen Eros. Meist in einem Lust-Spiel des Traumes zu finden.

Klavier: Deutet die Gefühlsskala an. Dabei können die mit der linken Hand zu spielenden Tasten, die dunkle Töne erzeugen, zum inneren, seelischen Bereich gezählt werden, die mit der rechten Hand zu spielenden zum äußeren, bewussten Bereich. Man achte darauf, wo Tasten vielleicht klemmen – dort ist wohl eine menschliche Verklemmung zu finden. Wie bei allen anderen Instrumenten kann auch dieses Spiel erotisch ausgelegt werden.

Kleckse auf Papier: dunkle Punkte in unserem Leben, die unsere Neider ausnutzen, um uns zu schaden. Tinten-K. dagegen sind positiv auszulegen (siehe Tinte).

Kleid: Ziehen wir ein unordentliches K. an, dann ist in unserer Seele etwas nicht in Ordnung; wir müssen uns ein anderes anziehen, damit wir wieder zu uns selbst zurückfinden können. Ein grellfarbenes K. deutet auf die eigene übertriebene Eitelkeit hin. Ein K. aus Omas Kleiderschrank anzuziehen (vor allem von Älteren geträumt), beweist, dass man in Würde alt werden will. Das K. ist übersetzt das Lebenskleid, die Verpackung, die wir unserem Inneren und Äußeren geben. Man beachte auch die Farbe der K., die durch unsere Träume gehen, und andere Symbole, um ein möglichst umfassendes Bild unserer Persönlichkeit zu erlangen.

Klettern: Hat Abenteuerliches an sich; man will unter Mühen ans lockende Ziel kommen, und das geht oft ohne Kratzer nicht ab. Beim K. kann man sich nie so ganz sicher fühlen.

Klosett: Siehe Toilette.

Klotz: Der grobe, auf den ein grober Keil gehört. Stoßen wir uns an einem K., stellt uns im Wachleben jemand eine Falle. Spalten wir Holz auf einem K., haben wir Vorteilhaftes von Leuten zu erwarten, die uns früher gleichgültig gegenüberstanden, die wir aber von uns überzeugen konnten.

Knäuel aufwickeln: Man braucht sehr viel Zeit, ehe man zu einem brauchbaren Ergebnis kommt. Ist das K. durcheinandergewurstelt: Wir werden eine eben angefangene Arbeit wahrscheinlich nicht fertig stellen können.

Knie, das schmerzt: Man kommt nicht recht voran, schleppender Geschäftsgang ist zu erwarten. K., die nicht zu biegen sind: Die

Umwelt ist unbeugsam in ihrer Haltung uns gegenüber. Auf den K. rutschen: Man wird durch eigene Schuld gedemütigt.

Knochen selbst abnagen: Die nächste Zeit wird einige Sorgen mit sich bringen. An Armen oder Beinen nur die K. sehen: Man legt etwas bloß, das einem früher wichtig war.

Knöpfe stehen oft für Geldstücke, die man einnehmen wird. Näht man sich die K. selbst an, bleibt man im Berufsleben fest im Sattel. Bekommt man K. angenäht, ist einem Protektion gewiss. Ein abgerissener K. deutet in der Regel auf eine abgerissene Verbindung hin.

Knospe: Offenbart eine aufkeimende Liebe. Wenn die K. abgeschlagen wird, wird man durch eigenes Verschulden ein herzliches Verhältnis trüben.

Knoten, die geknüpft werden: Übersetzt ins Wachleben schwer zu lösende Probleme oder Situationen, in denen man nicht recht weiß, wie man sie meistern soll. K., die man löst, sprechen von zündenden Ideen und Plänen, an deren Lösung man sich wagen kann.

Kochen, selbst: Ein Familienfest ist in Sicht. Andere k.: Wir haben mit einer Einladung zu rechnen.

Koffer packen: Man packt die Sorgen ein oder bringt eine schwierige Zeit hinter sich (siehe auch Gepäck).

Kohl: Siehe Gemüse.

Kohlen: Lassen finanziellen Gewinn erwarten. Wenn die K. hell brennen, können wir uns auf ein freudiges Ereignis gefasst machen. Schwelen sie nur unter großer Rauchentwicklung, ist unsere Zukunftsplanung gefährdet oder Trauer steht ins Haus.

Kompass: Man sucht einen Weg, der aus einer etwas verfahrenen Angelegenheit herausführen kann.

König: Siehe Kaiser.

Kontrabass spielen oder spielen sehen: Man liebt das Derbe in der Liebe, aber man traut sich nicht recht, das auch dem Partner zu sagen. Das sexuelle Erlebnis im Traum ist meist Ausdruck der eigenen Lustbegierde.

Konzert, im Saal sitzen und zuhören: Man will sich in guter Gesellschaft bewegen und dort angesehen sein.

Kopf: Bei den Chinesen Sitz des Himmelslichts, für Artemidoros der Vater oder auch ein männlicher Verwandter, bei Freud Symbol der Männlichkeit, bei C. G. Jung Symbol des Selbst, dessen oberem Teil auch phallische Bedeutung zukäme (unter Hinweis auf die griechische Mythologie: die Geburt der Athene aus dem Haupt des Zeus). In der indischen Traumschrift »Jagaddeva« hat man Herrschaftsanspruch, wenn man im Traum seinen eigenen K. spaltet, auch würde man mit reicher Nachkommenschaft gesegnet.

Korb bekommen: das Ziel seiner Sehnsüchte nicht erreichen. Der K. stellt meist ein Hindernis dar. Als Geschlechtssymbol kündet er beim Mann oft Nichtbefriedigung an.

Körper: Sieht man den eigenen K. im Traum, ist man mit sich zufrieden und baut auf die eigene Kraft. Wird der K. gespalten, ist das nach dem indischen Traumbuch »Jagaddeva« das sichere Zeichen, dass sein Besitzer zu Reichtum und zahlreicher Nachkommenschaft kommt. Löst sich der K. in nichts auf, ist die Gesundheit in Gefahr.

Korridor: Siehe Flur.

Kot: In der Psychoanalyse wurde die Abgabe von K. im Traum als Kastrationssymbol gedeutet. Freud glaubte, Kinder, die davon träumen, erlebten einen Verlust. Daran sei vor allem die übertriebene Erziehung des Kleinkinds zur Reinlichkeit schuld, diese sei die Wurzel späterer Neurosen und sexueller Verklemmungen. Psychotherapeuten sind ähnlicher Auffassung, jedoch sehen sie mehr einen Liebesverlust als gegeben, der durch überstrenge Erziehung bewirkt worden ist. Die Kotabgabe hat wie alles in Analträumen Vorkommende jedenfalls nichts mit der übel riechenden Masse zu tun, die unser Körper produziert. Tiefenpsychologisch wird ein Traum von K. oft als Übersetzung von Geld oder als Charakterdeutung gewertet. Das Ausscheiden von K. kann demnach mit Freigebigkeit und Ordnungssinn umschrieben werden, die

Verstopfung analog als Geiz, Pedanterie, Herrschsucht, als die Angst vor dem Verlust des Geldes.

Krähen sehen: Man wird um jemand weinen müssen; das kann auf eine Krankheit hinweisen oder auch auf den Tod eines Menschen aus unserer Umgebung.

Krankenhaus: In einem K. liegen bedeutet, irgendwelche Sorgen bedrücken uns, aber sie haben nichts mit Krankheit zu tun. Wartet man in einer Klinik, steht ein einschneidendes Erlebnis bevor.

Krankenschwester: Ist nicht immer die Person, die uns pflegt und zu unserer Heilung beiträgt. In Träumen von Frauen ist sie oft die Nebenbuhlerin, im positiven Sinn aber die Seelen-Schwester. In Männerträumen tritt die K. meist als gefühlvolles Wesen auf, das positiv wie negativ wirken kann.

Kranke: Wenn man ihre Leidensgeschichte erfährt, wird das am besten mit einer Störung unseres Seelenhaushalts übersetzt, dass nämlich in uns selbst etwas nicht in Ordnung ist. K. zu besuchen, bringt Freude, K. zu pflegen, bringt Wunscherfüllung.

Kranz: Die Bindung an den Mitmenschen, die Freude oder Trauer beinhalten kann. Bindet man einen K. aus Blumen selbst, kann das auf eine Glück verheißende Zukunft hindeuten. Ein verwelkter K. ist das Zeichen einer Enttäuschung, an der man schwer tragen wird.

Kräuter suchen und sie selbst essen oder verkaufen: Hinweis auf die gute Gesundheit des Träumenden oder seinen Erfolg in geschäftlichen Dingen.

Krebs, krebskrank sein: Zurückführung auf einen Weg, den man schon einmal gegangen ist und der vielleicht im Augenblick der günstigste für uns ist (die Krankheit ist also in diesem Falle gar nicht gemeint, sondern das Tier, das immer mal den Rückwärtsgang einlegt).

Kreide: Schreiben wir oder ein anderer mit K., kann das mit »etwas ankreiden« übersetzt werden, wobei die ankreidende Person immer jene ist, die mit der K. hantiert.

Kreis: Das können die geometrische Figur, eine Menschengruppe, die im K. herumsteht, oder ein kreisrunder Platz sein. Am besten übersetzt man es so: Die seelische Energie wird zusammengehalten, man umkreist das Objekt seiner Gunst, man schließt den K. seiner (meist positiven) Ermittlungen. Wer in einen K. eindringt, steuert das Ziel seiner Wünsche an.

Kreuz: Oft als Lebensstation gedeutet, die entscheidend für unseren weiteren Weg ist, an der uns Mut gemacht wird, mit augenblicklichen Schwierigkeiten fertig zu werden. Manchmal auch der Kreuzweg, an dem wir den Rat guter Freunde gebrauchen, um dem richtigen Ziel entgegenstreben zu können.

Kreuzgang: Wenn man an einem K. steht, deutet das auf Ratlosigkeit hin, wie man seinen Lebensweg erfolgreich fortsetzen kann; die Seele zeigt die Lebensangst des Träumers auf, die in Wirklichkeit eine psychische Krankheit oder mangelnde Entschlusskraft sein kann.

Krieg: Wenn es kein Erinnerungstraum ist, schildert der K. die Angst, in etwas hineingezogen zu werden, das dem eigenen Wollen zuwiderläuft. Der K. wird oft auch als Gleichnis einer schwierigen seelischen Lage gesehen.

Krokodil: Taucht bei Träumern auf, die nicht die rechte Einstellung zum Leben gefunden haben, symbolisiert die Unbarmherzigkeit, die es auf der Welt gibt, oder böse Nachbarn, die uns das Leben schwer machen können.

Krone aufhaben aus purem Gold: Man fühlt sich den Mitmenschen gegenüber erhaben und läuft Gefahr, sein eigenes Herz über Gut und Geld zu vergessen. Die Dornen-K. zeigt Leid an, die Myrthen-K. eine Hochzeit (aber das braucht in diesem Fall nicht die eigene zu sein!).

Kröte: Siehe Frosch.

Krücken: Sie werden einem gestellt, wenn man Hilfe braucht; man kann in einem solchen Falle hoffen, dass bald alles ins Lot kommt. Wer K. sieht, hat Liebeskummer oder geschäftlichen Ärger gehabt. Wer K. benutzt, kann auf Misserfolge zurückblicken. Wer andere an K. gehen sieht, hat sich bisher zu sehr um andere gekümmert und sein eigenes Fortkommen nicht beachtet. Wer seine K. zertrümmert, der überwindet eine augenblickliche Notlage sehr schnell.

Krug zerbrechen: Bringt Streit in der Familie. Einen K. sehen, bedeutet Tränen (das »Tränenkrüglein«).

Küche: Das ernährende mütterliche Leben in uns selbst, der Ort, an dem übersetzt eine psychische Verwandlung vor sich geht, an dem die Speisen zubereitet werden, die wir für unsere Lebenskraft benötigen. Diese Träume haben mit unserer seelischen Verdauung zu tun. Viele Gegenstände in der K. deuten auf sexuelle Wünsche hin (Pfanne, Feuerloch).

Kuchen essen oder backen deutet immer auf freudige Überraschungen hin, denn der K. ist übersetzt das Süße, das uns das Leben verspricht.

Kugel: Wie der Kreis, nur noch dynamischer zu werten. Oft auch die Beziehung zur Umwelt, die sich günstig gestaltet, sich aber nicht zwingen lässt. Sieht man K. fliegen, weist das nach Meinung altägyptischer Traumdeuter auf mangelnde Erfolge in naher Zukunft hin.

Kuh: Ist selten in Männerträumen. Bei Frauen gibt eine K. Hinweise darauf, dass es den Träumenden an Wärme, Geduld und Güte fehlt. Wer im Traum eine K. melkt, kann sich einigen Wohlstand ausrechnen.

Kulissen im Theater sehen, die bunt bemalt sind: Man macht sich ein trügerisches Bild seiner augenblicklichen Lage oder von einem Menschen, den man zu seinen Freunden zählt.

Kündigung: Umschreibt die Angst, dass wir etwas nicht richtig gemacht haben könnten. Meist löst sich diese Angst in Wohlgefallen auf; wir zeigen uns im Beruf bemüht, alles gut zu machen und werden gefördert werden. Kündigen wir selbst jemandem, weist das auf einen Vertrauensverlust im intimen Bereich hin.

Küsse: Ein erotisches Symbol, vor allem, wenn man sie selbst gibt. Wenn andere uns küssen, ist manchmal Vorsicht geboten – es könnten Judas-K. sein!

L

Labyrinth: Ein seelisches In-die-Irre-Gehen wird hier angezeigt, ein Nicht-mehr-ein-noch-aus-Wissen. Wer glücklich aus dem Irrgarten herausfindet, hat eine schlimme Zeit hinter sich gebracht. Das L. im Traum kann auch eine geistig-seelische Verirrung sein.

Lachen: Ist gewissermaßen der befreiende Seufzer der Seele, dass man aus einer etwas verfahrenen Situation herausgefunden hat (während des L. wacht der Träumer übrigens meist gleich auf; er lacht noch mit offenen Augen, weiß aber dann kaum mehr, warum).

Laden: Wer einen L. betritt, erwartet, dass man ihn bedient. Aber man muss schon wissen, was man will – übersetzt: Wer nicht weiß, was er kaufen soll, ist im Wachleben ein Mensch mit mangelnder Entschlusskraft, wer es weiß, der fasst Entschlüsse, die ihm weiterhelfen werden. Ist der L. leer, hat man sich irgendwie verkalkuliert. Ist man selbst der Chef des L., bietet man sich selbst feil, vielleicht sogar zum Gespött seiner Mitmenschen. Nur in wenigen Fällen kann man sich als Besitzer auf finanzielle Vorteile freuen.

Lager: Lebt man als Gefangener oder Flüchtling im L., hat man im Wachleben mit Problemen zu kämpfen, man ist gefangen von Vorurteilen. Nur die Pfadfinder-, Camping- oder ähnliche L. lassen positive Schlüsse zu: Man will sich im Kreis fröhlicher Menschen bewegen, sehnt sich aus der Einsamkeit heraus nach einem glückhaften Zusammenleben.

Lampe: Es kommt darauf an, ob sie hell erstrahlt oder ob es sich um eine trübe Funzel handelt. Die helle L. verspricht fröhliche Erlebnisse, die Funzel Verkrampfungen. Verlischt eine L. im Traum, tappt unsere Seele im Dunkel, weiß sich keinen Rat für uns in einer vielleicht gerade prekären Lage. Zerbricht die L., mahnt das zur Vorsicht, zünden wir die L. an, kommen wir aus einer verworrenen Lage glücklich heraus.

Landkarte: Verrät die Richtung, die man im familiären, persönlichen Bereich einschlagen muss, um ein gestecktes Ziel zu erreichen. Sie weist auf große Pläne hin, die durchgeführt werden können, wenn wir im Traum die Kartenzeichnung genau erkennen.

Landschaft: Eine sonnige L. erfüllt unsere Wünsche auf ein sorgenloses, naturverbundenes Leben. Liegt die L. im Nebel, sind auch unsere Gedanken trübe, und unsere Wünsche lassen sich im Moment nicht erfüllen.

Lanze: Trotz ihrer Altertümlichkeit auch heute noch häufiges Sexsymbol in Träumen, die sich mit dem Zusammenleben von Mann und Frau beschäftigen. Auch Zeichen der Überwindung einer schwierigen sexuellen Situation.

Lärm, den wir deutlich vernehmen, kündet viel Unruhe in der privaten Sphäre an.

Lasten selbst tragen: Wir übernehmen Verantwortung und setzen uns durch. Andere L. tragen lassen: Man ist sich selbst nicht sicher, ob man eine verantwortungsvolle Position übernehmen sollte. Wer unter den L., die ihm aufgebürdet wurden, stöhnt, sollte sich auf eine äußerst schwierige Aufgabe gefasst machen, die ihm gestellt wird (siehe auch Kamel sowie Karawane).

Laterne: Siehe Lampe. Wenn die Straßen-L. im Traum aufleuchtet, wird einem im Wachleben ein Licht aufgehen; wir werden über eine Lage oder über die Absichten eines bestimmten Menschen aufgeklärt.

Laub: Grünes L. bringt Freude, welkes L. Melancholie.

Laube: Das Haus, das auf Heimlichkeiten schließen lässt. Das kann eine heimliche Liebe oder das Wissen um ein Geheimnis anderer sein. Weitere Traumsymbole können das klären.

Laufen und nicht von der Stelle kommen: Deuteten altägyptische Traumforscher als das lange, manchmal vergebliche Warten auf eigene Erfolge. Wer mit Ausdauer läuft, strebt einem Ziel entgegen, das er auch energievoll erreichen wird (siehe auch Rennen).

Läuse: Sind wie die Nerven des Träumers im Wachzustand, von Unruhe gejagt, ohne Ziel und Verständnis. Sieht man L. und ver-

nichtet sie, streicht man nach Artemidoros ein schlimmes Erlebnis aus seinem Gedächtnis. Wird man L. nicht los, kommt man von irgendetwas nicht los, das einem das Leben schwer macht (siehe auch Ungeziefer).
Laute: Siehe Gitarre.
Lawine: Die drohende Gefahr, die man erkennt, vor der man aber nicht wegrennen kann. Man sollte sich also im Wachleben mutig auf eine Gefahr einstellen und standhaft bleiben.
Lehm: Wer im L. stecken bleibt, wird ichbezogen reagieren und versuchen, aus eigener Kraft vorwärtszukommen. Wer sich aus L. ein Haus baut, stellt seine eigene Persönlichkeit stark heraus und wirkt auf seine Umwelt überzeugend.
Lehnstuhl: Sitzt man in Urgroßvaters Lieblingssessel, baut man auf die Förderung anderer, trägt aber selbst nicht viel dazu bei; man will seine Ruhe haben und bemerkt aber nicht, dass einem im Wachleben viele Felle wegschwimmen.
Lehrer: Er wohnt in der Nähe unseres inneren, wissenden Lebenszentrums, mal ein Weiser, dessen Wegweisung wir oft nicht folgen, weil uns einfach die Kraft fehlt; dann wieder der eigene Vater, der Chef, der alte Mann, deren Meinung wir uns zu eigen machen sollten. Vielfach steht der L. auch für das eigene Ich, das uns eines Besseren belehren will. Der L. warnt vor einer verfransten Lage, will uns einen gangbaren Weg zeigen. Ist der L. besonders streng, ist die Situation, in der wir uns befinden oder in die wir kommen könnten, ernst. Oft lässt man sich im Traum von einem L. oder von einem Unbekannten ins Heft schauen, dann wird etwas offen gelegt, was man gern verbergen möchte. Nach den alten Ägyptern warnt ein L. vor Leichtsinn.
Leibschmerzen: Im Wachzustand nicht mehr zu spürende L. deuten auf innere Zweifel hin, die man beseitigen sollte, manchmal auch auf körperliche Schwächezustände, die in eine Krankheit einmünden könnten.
Leiche: Deutet auf etwas längst Erledigtes hin, auf ein Absterben bestimmter Gefühle, die man noch immer mit sich herum-

schleppt, auf eine Beziehung, die man eigentlich beenden sollte. L. tauchen häufig in Träumen von Menschen auf, die im Beruf unzufrieden sind; man will etwas ändern, aber es gelingt einfach nicht. In einigen Träumen sind L. auch Beweis für überwundene Schwierigkeiten.

Leidenschaften: Deutlich aus einem Traumbild hervorgehende L. sind Stoppsignale der Seele, auf sexuellem Gebiet nicht zu weit vorzustoßen.

Leierkasten hören oder sehen: Man möchte sich von einer gewissen Bindung lossagen, die einem beständig auf den Pelz rückt und »die alte Leier« schlägt.

Leim: Im guten Sinne das Festhalten an eigenen Plänen, im schlechten das Geleimtwerden.

Leitern: Diese tragbaren Treppen bedeuten übersetzt unsicheres Fortkommen oder Unbeständigkeit (siehe auch Treppen und Sprosse).

Leuchtturm: Das große Licht, das uns aufgeht, der Wegweiser auf dem Lebensweg, dessen nächste Station schon erhellt ist.

Licht: Die geistige Energie, die freigelegt wird – man sieht alles licht und klar. Man braucht sich keine Sorgen zu machen über die Gesundheit oder um das finanzielle Wohlergehen. Geht das L. gerade an, können wir tiefe Erkenntnisse schürfen. Brennt das L. in der Ferne, werden neue, erfüllbare Wünsche wach. Verlischt das L. aber plötzlich, haben wir mit schlechten Neuigkeiten zu rechnen.

Lieder singen oder hören: Hier ist es wichtig, den Liedtext zu kennen, um daraus nach den dort genannten Symbolen den Traum zu deuten.

Lift: Bringt der L. uns in eine höhere Etage, werden wir mit Hilfe anderer aufsteigen.

Lilien: Symbol der Macht, aber nicht, wie in anderen Blumensymbolen, erotisch zu deuten. Halten wir blühende L. in den Händen, kommen wir im Wachleben besonders gut zurecht und werden eine Position erreichen, die uns befehlen lässt. Sind sie verblüht oder werfen wir sie weg, treiben wir Machtmissbrauch.

Linsen bringen Verdruss, wenn man sie kocht. Wenn man L. isst, wird man beleidigt werden.

Lippen deuten auf Erfüllung heimlicher sexueller Wünsche hin. Nur wenn sie verkniffen wirken, versprechen sie in der Liebe Leid.

Loch: Wer in ein L. fällt, wird schlechte Freunde finden oder mit einem bestimmten sexuellen Problem nicht fertig werden. Nur ein kleines L. hat positive Bedeutung.

Lokomotive: Die motorische Kraft, die uns im Leben vorwärtsschiebt. Ein günstiges Zeichen, das uns einer glücklichen Zukunft entgegensehen lässt. Wegen ihres Kolbengestänges auch sexuell gedeutet als Symbol der Potenz und der Lebensfreude.

Löschen eines Feuers: Wir werden uns gerade noch aus einer unglücklichen Lage befreien können. Wenn wir das Licht einer Lampe oder Laterne l., werden wir einem Mitmenschen bewusst Schaden zufügen.

Lose: Sie haben etwas mit dem Lotteriespiel Leben zu tun. Sehen wir L., versprechen sie uns Glück in diesem Spiel; das kann natürlich auch der Glücksgewinn im Wachleben sein, den wir heiß herbeisehnen. Erkennen wir die Zahlen auf dem Los und können sie uns merken, geben die Zahlensymbole weitere Hinweise. Sind die Zahlen nicht zu erkennen, sollten wir uns lieber auf unserer Hände Arbeit verlassen.

Lotse: Positive Traumgestalt, die uns über Schwierigkeiten hinweghilft.

Löwe: Als Symbol in antiken Traumdeutungen der Urgewalt der Sonne gleichgesetzt. Er ist das Zeichen ungebändigter Seelenenergie. Leuten, die von ihm als dem erhabenen mythologischen Wüstenkönig träumen, kann man so leicht nichts vormachen; sie schreiten, ohne nach rechts oder links zu blicken, geradeaus durchs Leben. Ihnen gelingt viel, aber sie sind oft große Menschenverächter, also schwierig im Zusammenleben. Wo der L. auf uns selbst zum Sprung ansetzt, sind wir von solch selbstsicherer Persönlichkeit bedroht.

Lügen: Zeugen von einer Unehrlichkeit gegen sich selbst, das

Nicht-wahrhaben-Wollen eines seelischen oder körperlichen Zustandes, der uns Sorgen machen müsste. Erzählen uns andere L., wollen Leute in unserer Umwelt irgendetwas vor uns verstecken, geben sich uns gegenüber nicht so, wie sie wirklich sind.
Lupe: Sehen wir etwas vergrößert durch eine L., nehmen wir Kleinigkeiten wohl allzu wichtig.

M

Machtgelüste: Unterdrückte Wünsche aus dem Wachleben, in dem man sich zwar viel einbildet, aber wenig darstellt.
Mädchen: In Männerträumen zeigen M. unerlaubte sexuelle Wünsche auf. Mit hübschen M. tändeln, lässt unnütze Geldausgaben im Wachleben erwarten. Sehen Frauen sich selbst als junges M., obwohl sie schon älter sind, kann das mit der Angst vor dem Altwerden übersetzt werden oder mit der Furcht, nicht mehr auf den geliebten Mann anziehend genug zu wirken.
Magen: Fühlt man im Traum, dass einem der M. wehtut, ist das ein Warnsignal. Es deutet an, dass irgendetwas auf den M. drückt, eine Sorge, von der man sich befreien muss, eine Liebelei, die zu Ende geht, oder der Zorn über eine ungerechte Behandlung.
Magerkeit: Sehen wir uns dünn wie ein Strich durch die Traumlandschaft gehen, obwohl wir im Wachleben wohl- oder überproportioniert sind, kann man damit rechnen, dass uns der Erfolg im Leben einige Zeit versagt sein wird.
Magnete deuten auf Verbindungen hin, die wir im Wachleben knüpfen möchten, um unseren Lebensstandard heben zu können. Nehmen wir selbst den M. zur Hand, werden wir diese Verbindungen zu unseren Gunsten herstellen können. Lässt ein anderer den M. irgendetwas anziehen, kann das auf eine Treulosigkeit im Privatbereich hinweisen.
Mahlzeit, andere dabei zuschauen lassen: Man ist im Wachleben zu egoistisch, um gute Freunde zu finden. Andere mit einer M.

bewirten: Man findet Kontakte, weil man anderen auch etwas gönnt.

Mais: Der Maiskolben ist ein Phallussymbol, das über die Lebenskraft und die Liebesstärke des Träumenden aussagt.

Malen: Man beachte die Farben und das, was man malt oder was gemalt wird, und deute dann aus den entstandenen, gemalten Symbolen.

Mann: Einen dunklen M. sehen, bedeutet nach altägyptischer Traumweisheit, dass Gefahren auf den Träumer lauern. Befolgt man den Rat eines alten M. im Traum, kann man auf eine glückliche Wendung im Wachleben hoffen. Sprechen Frauen mit einem jungen M., dürfen sie damit rechnen, dass sie viel Ablenkung im Alltagsleben erwartet.

Manschetten: Können durchaus mit dem Jargonspruch »Manschetten haben« übersetzt werden. Freilich ist die Angst, die daraus spricht, unbegründet, wenn die Manschetten sauber sind.

Mantel: Es wird etwas verhüllt, eingehüllt – ein Geheimnis, das man sich nicht entreißen lassen möchte, die Liebe, die man sich warm halten will. Zieht man einen neuen M. an, wird man nach außen hin glänzen und viel Verständnis für sich finden können. Ist der M. alt, sollte man mehr aus sich herausgehen. Ein zu weiter oder zu kurzer M. deutet darauf hin, dass wir zwar den guten Willen haben, ein Geheimnis zu bewahren, dass es uns aber irgendwann einmal entfleuchen könnte.

Markt: In seiner Weitläufigkeit kann man sich verlieren, zu viel drängt an Angeboten auf uns herein; wir sind vor eine schwere Entscheidung gestellt und werden so bald nicht erreichen, was wir wollen.

Maschinen: Wo sie dröhnen und rollen, da ist Leben, das ist übersetzt das glückhafte Erleben einer erfolgreichen Tätigkeit.

Masken: Weisen auf Unaufrichtigkeit hin, dass man sich verstecken, mit seiner wahren Meinung zurückhalten möchte. Andere in M. sehen: Vorsicht vor den Schmeichlern in unserer Umwelt, man will uns mit Unwahrheiten schaden.

Maß anlegen und ausmessen: Man beachte die Zahlen, die dabei herauskommen. Das Maßanlegen kann auch auf die eigene Unsicherheit hinweisen oder darauf, dass man sich zu sehr mit Kleinigkeiten abgibt. Legen andere das Maß an, werden wir im Berufsleben an unserer Leistung gemessen.

Massage: In den meisten Fällen sexuell zu deuten. Wer sich massieren lässt, will in der Liebe den bequemsten Weg gehen. Massiert man selbst einen anderen, werden verschiedene Wünsche wach.

Matratze: Sie ist nur Teil eines Bettes. Wer auf ihr liegt, der hat also irgendetwas verpasst, muss sich damit begnügen, was er augenblicklich hat.

Mauer: Steht die M. vor uns ohne Tor, soll uns irgendetwas verbaut werden, vor allem, wenn die Mauer hoch ist. Das Tor in der M. umschreibt unsere erotischen Wünsche; wir möchten es zwar durchschreiten, jedoch haben wir noch nicht den rechten Mut dazu. Stehen wir auf einer M. und springen von dort hinab, gleicht das im Wachleben dem Sprung ins Abenteuer. Stürzen wir von einer M., lassen wir von Wagnissen lieber die Finger.

Mäuse: Siehe auch Nagetiere. Außerdem dort Gesagten kann das »Mäuschen« in Träumen vor allem junger Männer als Sinnbild des weiblichen Geschlechtsorgans gewertet werden. Rote M. zeichnen übrigens für abartige sexuelle Wünsche.

Mausefalle: Sie beweist, dass man von einer Bindung, die man längst beenden wollte, nicht loskommt.

Medizin: Die bittere M., die uns im Traum verabreicht wird, soll uns daran erinnern, dass man manches im Leben schlucken muss. Das macht uns reifer und an Erfahrungen reicher. Wohlschmeckende M. geht zwar gut hinunter, gilt aber im Allgemeinen nicht als besonders hilfreich.

Meer, auf ihm fahren oder an seinem Ufer spazieren gehen: Etwas Neues steht bevor, von dem auch unser Unterbewusstsein noch nicht recht weiß, wie es endgültig ausgehen wird, das aber unsere ganze Persönlichkeit verlangt. Das M. in seinem ewigen Auf und

Ab ist blutvolles Leben mit all seinen Höhen und Tiefen. Das Ziel der oft gefahrvollen Reise über das M. kann nur aus anderen Symbolen gedeutet werden, die sich in einem Traum ergeben.

Meineid: Leisten wir selber einen M., wollen wir damit erreichen, dass Mitmenschen nicht in unsere Karten schauen können. Wird ein M. von einem anderen geleistet, kann das nur bedeuten, dass wir im Wachleben hinters Licht geführt werden sollen.

Melken: Siehe Kühe.

Menschenmenge sehen: Altägyptische Traumforscher lasen daraus Reichtum und Wohlstand für den Träumer ab.

Messen: Siehe Maß.

Messer sehen: Man will sich hemmungslos ins Triebleben stürzen. Wer ein Messer wetzt, wird in Versuchung kommen, seinen Partner zu betrügen.

Meteore sind wie Sternschnuppen das Aufblitzen der Gedanken, die uns frei machen. Sie weisen auf den Verstand hin, den wir entschlossen einsetzen sollten, wenn sich uns im Beruf etwas entgegenstellen wird.

Mieder: Etwas Einschnürendes, die Luft Wegnehmendes. Das kann in Männerträumen das M. einer hübschen Frau sein, das dem Träumer die Luft nimmt, weil er sich plötzlich und unverhofft in die Schöne verliebte.

Milch: Hat immer eine gute Bedeutung, ist das Symbol der Uneigennützigkeit, durch die einem die Herzen zufliegen, auch das Geld, das uns wohlwollende Mitmenschen wegen unserer Charakterhaltung gern spenden werden. Wer im Traum M. trinkt, ist überall beliebt. Wer M. verschüttet oder anbrennen lässt, der macht sich über ein Problemchen zu viel Gedanken.

Millionär sein, obwohl man ein armer Schlucker ist: Man wird sich sehr anstrengen müssen, um zu mehr Wohlstand zu gelangen. Millionenverdienste oder -gewinne kommen in Wunschträumen vor, sind aber kaum realitätsbezogen.

Missgeburt: Sich selbst als M. sehen, beweist, dass wir einem krummen Gedanken nachhängen, der uns in die Irre führen kann.

Mistgabel hantieren: Wir räumen etwas aus, was uns auf dem Weg zu Reichtum und Wohlstand im Weg steht.
Misthaufen sehen: Das Glück wird nicht mehr lange auf sich warten lassen. M. anlegen oder wegräumen: Man schafft sich mit der augenblicklichen Arbeit ansehnliche Verdienste.
Mittag: In vielen Träumen die Lebensmitte oder wie alle Tageszeiten Hinweis auf die Situation, in der wir uns gerade befinden. Da die Sonne am M. am höchsten steht, gibt uns diese Tageszeit den Stand an, auf dem wir uns befinden (nach M. geht es möglicherweise wieder bergab!).
Mitternacht: Die dunkelste Zeit des Tages kündigt eine schwierige Lage an.
Möbel: Die kleinen Alltagswünsche, die durchaus erfüllt werden könnnen.
Modell stehen: Man will sich einem anderen mit Haut und Haaren anvertrauen. Ein M. sehen oder mit ihm als Künstler arbeiten: Der Kopf steht uns nach anderen Dingen als nach Häuslichkeit.
Mond: Das Licht des Unbewussten, das ursprünglich Weibliche. Wenn er voll und hell erstrahlt, deutet es Reichtum und Glück an. Der Mann, der eine Mondscheibe in der Hand hält, hat Glück bei einer schönen Frau. Der M. erinnert die Frau an ihre geschlechtlichen Vorzüge, die sie dem Mann gegenüber ins Spiel bringen kann. Manche Zukunftsvisionen werden in Mondträumen erleuchtet. Zunehmender M. ist ein Zeichen, dass man an Ansehen und Geltung zunehmen wird. Der abnehmende M. warnt, dass man rechtzeitig Vorsorge treffen sollte, damit der erarbeitete Wohlstand auch noch fernerhin anhält. Der Neumond weist auf die Vorbereitung großer Vorhaben hin. Die einzelnen Phasen sind Zeichen des Wechsels in andere Positionen, also durchaus positiv zu deuten. In der indischen Mythologie wird der M. als Trinkschale bezeichnet, als mütterliches Symbol, das Kraft verspricht und in das man sich ganz versenken kann.
Mondfinsternis: Wenn sich der Mond verfinstert, kann das alles auf den Kopf stellen, was unter Mond gesagt wurde.

Moor: Wer sich ins M. verirrt, geht einem ungewissen Schicksal entgegen. Manchmal schwebt aber der Träumer über dem M.: Das ist dann ein gutes Zeichen! Er wird im Alltag über den Dingen stehen.

Moos: Der Volksmund übersetzt es mit Geld; Träume von M. beweisen unser materielles Denken. M. sehen: Man kann finanzielle Vorteile ergattern. Auf M. gehen: Man trampelt manch schöne Hoffnung nieder.

Mörder: Er taucht wie ein Schatten auf und mordet – die Liebe, die uns heilig war, die Gefühle, das Aufwärtsstreben. Analog dazu ist der Mord immer Anzeichen für eine schwierige Lage, in die wir oder unser Umfeld hineinschlittern könnten.

Morgen: Gewissermaßen der Seufzer im Traum, der das Dunkel, die Ungewissheit des Träumers löst und neue Bahnen freilegt. Er ist der Zeitpunkt, an dem die Sonne alles an den Tag bringt, ob wir uns zum Guten oder zum Schlechten hin entwickeln. Oft zeigt diese Tageszeit auch die eigene Jugend an.

Morgenrot: Kündigt immer eine Wendung zum Besseren an.

Mörser: Wer im M. etwas zerstößt, der wird im Privatleben jemanden verstoßen wollen, der ihm einmal sehr nahe gestanden hat.

Mosaike sehen: Man wird mit komplizierten Dingen konfrontiert, die man Steinchen für Steinchen aufbauen muss, um etwas zu erreichen.

Motor: Siehe unter Maschine.

Motten: Zerfressen M. unsere Kleidung, weist das auf die eigene Unsicherheit hin, die uns in der Meinung unserer Umwelt herabsetzen kann.

Mücken: Siehe Insekten.

Mühle: Das ständig in Gang gehaltene Mühlrad deutet auf unseren Arbeitswillen, auf die eigene Durchsetzungskraft hin, das stillstehende auf erlahmende Kräfte. Eine M. sehen, die in vollem Wind steht, kündigt meist Gewinne an, die durch persönlichen Einsatz erzielt werden.

Mumien: Sollen dem, der von ihnen träumt, nach altägyptischer Auslegung ein langes Leben bescheren.
Mund: Er funktioniert meist erotisch, ist aber fast nur mit anderen Symbolen deutbar.
Muschel: Weibliches Symbol, dessen Form an die Vulva erinnert, die von harter Schale umzogene Kostbarkeit, die man sich fürs Leben erobern will. M. sind immer positiv, nicht nur für den Mann!
Musik: Schöne M. hören beweist nach altägyptischer Traumdeutung, dass Herzensfreuden bevorstehen. Schrille M. dagegen deutet auf Disharmonien im Privatleben hin.
Musikinstrumente: Haben vielfach sexuelle Bedeutung. Streichinstrumente sind weiblich (der Spieler mit dem Bogen natürlich männlich), Blasinstrumente männlich zu deuten. Die Erlebnisse im Traum können vom derbsten sexuellen Akt bis zum geistig Erotischen gehen (siehe auch Orchester und die einzelnen Instrumente).
Mutter: Oft nur Gestalt irgendeiner Frau, zu der man in nähere Beziehung treten möchte. Nach C. G. Jung auch »das Geheime, das Verborgene, das Finstere, der Abgrund, die belebte Unterwelt, das Verführende und das Vergiftende, das Unentrinnbare« oder »die magische Autorität des Weiblichen, das Gütige, Hegende, die Stätte der Wiedergeburt«. Wo die eigene Mutter im Traum erscheint, mangelt es dem Träumer an Selbstständigkeit. Bei Frauen verkörpert sie die Bewusstwerdung des echten weiblichen Wesens, bei Männern die Idealfigur des Gegengeschlechts. Träumt man von der bereits verstorbenen M., ist das eine Warnung, die aus anderen Traumsymbolen verdeutlicht wird. Die noch lebende M. im Traum verlieren, deutet auf ein schlechtes Gewissen. Im Übrigen kommt es in derartigen Träumen immer auch darauf an, wie man zu seiner M. steht oder gestanden hat. Die M., mit der man sich nicht gut versteht, kann alle Aussagen durchaus ins Gegenteil verkehren.

N

Nabel: Beweis für egoistisches Verhalten, für den Glauben, man sei gewissermaßen der N. der Welt. Das Unbewusste versucht den Träumer darauf hinzulenken, dass Persönlichkeit nicht immer etwas mit Egoismus zu tun hat.

Nachbarn: Im Traum sind N. nicht die guten Menschen, die wir kennen; es sind oft recht böse Leute, die mit uns Streit anfangen wollen. Hier will das Unbewusste warnen, bei der Wahl seiner Freunde vorsichtig zu sein.

Nacht: Verbirgt die geheimen Wünsche der Seele, ist Kennzeichen des Unterbewussten und von daher der inneren Unsicherheit, einer Verklemmung, die man an den Tag bringen sollte, um sie zu lösen.

Nachttopf zerbrechen: Glück und Geldgewinn (siehe auch Toilette).

Nachtwächter: Tappen im Dunkel. Sieht man sich selbst als N., ist man unsicher, hat nicht erkannt, was die Familie oder das Geschäft bedroht. Einen anderen als N. sehen: Man sieht einen Hoffnungsschimmer, denn der N. trägt ja eine Laterne.

Nacktheit: Kommt vor allem in Alpträumen vor. Geht man selber nackt oder nur notdürftig bekleidet durch belebte Straßen, hat oder wird man sich im Wachleben eine Blöße geben. Nach altägyptischer Traumweisheit stehen dann sogar Armut und Not bevor. In Träumen, die N. positiv schildern, geben sie den Wunsch nach Unabhängigkeit wieder. In solchem Fall achte man auf weitere Traumsymbole.

Nadeln: Die kleinen Sticheleien, die wir im Alltagsleben über uns ergehen lassen müssen, die Kleinigkeiten, die sich zum Streit ausweiten können.

Nägel: Die Notnägel, die uns aus einer undurchsichtigen Lage befreien können, nach altägyptischer Deutung die Hoffnungen, die in Erfüllung gehen. Krumme N. zeigen krumme Wege auf, die man zum Erreichen des Ziels einschlägt, wobei das Ziel immer erreichbar scheint, egal welchen Nagel man einschlägt. Das Nageln ist ein Festnageln auf einen bestimmten Standpunkt, der uns Standfestigkeit sichert. Dagegen sind Fuß-N., die man beschneidet, mit den Verlusten – oder auch Fehlschlägen – zu übersetzen, die im Wachleben drohen.

Nagetiere: Sie huschen durch unsere Träume und versuchen, uns – übersetzt – wichtige Lebensstoffe zu stehlen, wenn sie in unserer Vorratskammer auf Jagd gehen. Solche Träume künden meist Unangenehmes an, das heimlich Nagende an unserem Ich, versteckten Kummer, die Sorge ums tägliche Brot, die Angst, Lebenskraft zu verlieren (siehe auch Hase, Ratten, Mäuse).

Namen: Hört man seinen N. im Traum laut rufen, gilt das als Warnzeichen, dass Gefahr im Verzuge ist. Ist der N. nur auf einem Blatt Papier geschrieben, kann das auf eine Belobigung oder Auszeichnung hinweisen. Schreibt man aber seinen N. unter ein Dokument, sollte man mit Verträgen vorsichtig sein.

Narben sehen: Wir werden erinnert an zurückliegende Schicksalsschläge, aus denen wir lernen sollten, uns in Zukunft besser abzusichern.

Narkose: Das Beruhigungsmittel, das uns das Unbewusste fürs bewusste Leben gibt; man sollte zukünftig ruhiger werden.

Narzissen sehen: Bedeutet nach Artemidoros, dass man zu sehr in sich selbst verliebt ist, als dass man anderen seine Verehrung schenken könnte.

Naschen: Die heimliche Freude an verbotenen Dingen, meist auf Sexuelles bezogen. Wer einen anderen beim N. erwischt, gönnt diesem nicht den Erfolg, den er im Leben erzielte.

Nase: Männlich-sexuell zu deuten. Wenn Frauen davon träumen, sind sie mit ihrem Partner meist sehr zufrieden. Das Gegenteil ist natürlich der Fall, wenn die N. verletzt oder besonders hässlich ist. Der Traum kann auch so gedeutet werden, dass jemand einen Riecher gehabt hat, dass er sich im rechten Moment für das Richtige entschied und dadurch Gewinne oder Förderung erzielte. Wenn man aber seine Nase in Dinge steckt, die einen nichts angehen, dann ist auch für den Traum die Deutung erlaubt, dass man zu neugierig, vielleicht sogar zu taktlos seiner Umwelt gegenübertritt.

Nebel durchschreiten oder fahren: Man ist ziellos, die Arbeit wird durch viele Hemmnisse erschwert. Wenn man vor lauter N. nichts mehr sehen kann, sollte man sich auf andere verlassen, denn die eigene Kraft wird nicht ausreichen, um sich im Leben durchzusetzen.

Nebenbuhler: Meist das Zeichen für eine unbegründete Eifersucht, die das Zusammenleben zur Qual werden lässt.

Nelken: Wenn wir im Traum N. erhalten, verschenken oder sehen, kündigen sie meist Angenehmes an. Das kann ein lieber Besuch sein, ein vergnügliches Beisammen sein oder eine überraschende Wendung zum Besseren im beruflichen Lebensbereich.

Nesseln, in die man hineingreift: können eine Krankheit ankündigen. Setzt man sich in die N., war man so unbesonnen, sich in Gefahr zu begeben, und muss nun versuchen, mit eigener Kraft daraus herauszukommen.

Nest finden, das bewohnt ist: Man wird in der Familie glücklich sein oder einen eigenen Hausstand gründen. Das leere N. deutet auf das Alleingelassensein hin. Ist das N. zerstört, wird uns ein Mensch, den wir liebten, verlassen. Zerstören wir selbst ein N., brechen wir alle Konventionen und suchen uns von der bisherigen Umwelt zu trennen.

Netz: Mit einem N. fischen deutet auf sexuelle Wünsche hin, die man verwirklichen kann. In einem N. gefangen sein: Wir möchten gefangen genommen werden von dem, den wir lieben.

Neun: Diese Zahl drückt die vollkommene Harmonie aus (drei mal drei!), das Streben nach Wahrheit.

Niederkunft: Siehe Entbindung.

Niederschlagen eines Gegners: Deutet immer auf Hassgefühle hin, die wir im Wachleben hegen. Man sollte sie ergründen, um sie beseitigen zu können.

Niesen: Im Traum n. und davon nicht wach werden, hat eine gute Vorbedeutung; man will sich von etwas Lästigem befreien.

Noten in Schulzeugnissen lesen: Man beachte die Zahl und sehe dort nach. Oft sind N. nur Erinnerung an die Schulzeit in ihrer Anwendung auf einen augenblicklich zu lösenden Fall. Musik-N. lesen ist in jedem Fall ein günstiges Vorzeichen für die geistige Willensstarke des Träumers.

Notizen, die man macht: Weisen auf die Gründlichkeit hin, mit der man im Alltagsleben alles überdenken sollte. Kann man sich an das erinnern, was man im Traum aufschrieb, sollte man die entsprechenden Symbole zur Deutung heranziehen.

Nudeln essen: Weist auf eine Mangelerscheinung hin, die wir aufspüren sollten.

Null: Ist ein sexuelles Bild, in keinem Fall als Zahl zu werten. Viele Nullen weisen auf sexuelle Erlebnisse hin, die unsere Kräfte überbeanspruchen.

Nummern: Siehe einzelne Zahlen.

Nüsse: Man muss sie knacken! Denn erst in der rauen Schale steckt der Kern, übersetzt die Glückseligkeit. In erotischen Träumen ist die Nuss Sinnbild des weiblichen Geschlechtsorgans. Die altägyptischen Traumforscher glaubten, dass ein Geschenk zu erwarten sei, wenn man N. esse.

Nussknacker: Das Lösen schwieriger Probleme in der Intimsphäre oder im Beruf.

O

Oase: Damit wird meist das Herausfinden aus einer wüsten Lage geschildert, nach der man sich die wohlverdiente Ruhe gönnen sollte. Verlässt man die O., kann das natürlich die Rückkehr in eine Welt voller Anfeindungen bedeuten, das Abenteuer suchen um jeden Preis.

Obdach suchen: Man kann nicht mehr weiter, muss eine Denkpause einlegen.

Obst: Meist Sexsymbol, aber auch Zeichen für Gedankenreichtum,

Erfolg und glückliche Wendungen (siehe unter einzelnen Obstsorten).

Ochsen: Kommen in Angstträumen von Männern vor, die um ihre Potenz fürchten. Bei Frauen drücken sie manchmal die weibliche Unterlegenheit aus, das Noch-nicht-emanzipiert-Sein. Manchmal kündigen O. im Traum auch Reichtum an, den man erwirbt, weil andere sich wie O. verhielten.

Ofen: Ein geheizter O. deutet auf eine freundliche Umwelt hin, ein kalter auf Lieblosigkeit. Geht der O. aus, gelingen unsere Vorhaben nicht, und die Geschäfte gehen schlecht.

Ofenrohr, das besonders lang ist: Man wird noch lange auf die Erfüllung seiner Wünsche warten müssen, man wird eine Weile in die Röhre schauen. Das Umsetzen von Vorhaben und Entschlüssen wird in nächster Zeit noch nicht gelingen.

Ohnmacht: Etwas geschieht ohne unser Dazutun. Ist man selbst ohnmächtig, kann man sich auf ein Geschenk, vielleicht sogar auf eine Erbschaft oder eine unerwartete Liebeserklärung freuen. Fallen andere in O., wollen sie uns auf Leute in unserer Umwelt aufmerksam machen, die sich uns auf eine etwas plump-vertrauliche Weise anbiedern wollen.

Ohr: Weibliches Symbol. Durchbohrung des Ohrläppchens: Defloration. Reinigt man seine O. im Traum, sollte man sich von einem Vorurteil befreien. Wenn man am O. gezogen wird, macht das Unbewusste darauf aufmerksam, dass man eine bestimmte Person mehr beachten sollte.

Ohrfeigen austeilen: Weisen auf Nachlässigkeiten im Wachleben hin, auf die uns unsere Seele aufmerksam machen möchte. Meist handelt es sich dabei um das egoistische Verfolgen eigener Pläne, die uns den Blick für unsere Mitmenschen trüben.

Öl: Hautöl auf frische Wunden gießen oder es wohltuend auf der Haut spüren: Man kann friedlich seiner Arbeit nachgehen und alles, was war, vergessen; der Blick ist auf die Zukunft gerichtet, in die man gut geschmiert fahren kann. Brennt Öl mit heller Flamme, ist Freude in Sicht. Ist die Flamme rußig, gibt's Verdruss.

Omnibus sehen oder in ihm fahren: Man wird nur in der Gemeinschaft das Ziel seiner Wünsche erreichen; denn die eigene Kraft erscheint zu schwach.

Oper: In einem Opernhaus sitzen und die Sänger singen hören, bedeutet, dass ein Erlebnis besonderer Art vor der Tür steht. Tritt man selbst in einer O. auf und mimt den Sänger, obwohl man gar nicht so recht singen kann, macht man sich im Alltagsleben allerhand vor.

Operation: Der Lebensstil muss in einschneidender Weise geändert werden, damit das seelische Gleichgewicht wiederhergestellt werden kann.

Orangen deuten auf besonders glückliche Liebesbeziehungen hin.

Orchester: Wo ein O. im Traum aufspielt, streben Gefühle nach Harmonie, ist der Zusammenklang im familiären oder im Intimbereich gesichert. Mitspielen oder ein O. dirigieren: Man sehnt sich nach mehr Harmonie, nach einem Menschen, dem man sich ganz verbunden fühlen darf.

Orden, die man zur Schau stellt: Man scheint ein wenig überheblich zu sein und deshalb von seinen Mitmenschen nicht gerade freundlich betrachtet zu werden. Sieht man O. an den anderen, bewundert man Leistungen einiger Mitmenschen und nimmt sie sich zum Vorbild.

Orgelmusik: Weist auf geistige Probleme und ihre Lösung hin. Manchmal spielt auch Trauer mit, im Allgemeinen aber ist man mit sich und der Welt zufrieden.

Orkan: Stürme toben sich auch in unserem Seelenleben aus, sie künden Verluste an, das ganze Leben wird durcheinander gewirbelt.

Öse: Kann man einen Faden nicht darin einfädeln, lässt sich in der Liebe nichts einfädeln, bekommen wir wohl einen Korb.

P

Pacht übernehmen: Man begibt sich in eine Abhängigkeit, für die man zahlen muss. Selbst etwas verpachten: Man möchte anderen unbedingt seinen Willen aufzwingen.

Packen: Veränderungen stehen bevor. Wichtig ist dabei das, was man einpackt, weil man daraus Schlüsse auf einen Wandel zum Guten oder Schlechten ziehen kann.

Pagen: In Frauenträumen deuten P. auf Sehnsüchte hin, auf einen Mann, der einem alle Wünsche erfüllt. Ansonsten sind P. in Träumen dazu da, uns auf Marscherleichterungen unserer Lebensreise vorzubereiten; sie nehmen uns einen Teil der Last ab, die wir mit uns herumschleppen müssen.

Paket schicken: Man möchte sich selbst verschenken. P. erhalten: Jemand hat Feuer gefangen. P. haben im Allgemeinen mit sexuellen Wünschen zu tun.

Palast: Man möchte in besserem Licht erscheinen, denn der P. ist ein Haus mit glänzender Fassade. Freilich sehen uns unsere Mitmenschen in diesem Falle ganz anders, vielleicht als eitle Gecken oder Angeber. Träume von P. sind, wenn sie nicht auf Erinnerungen und Wünsche aufbauen, negativ.

Palette ohne Farben: Die Ideen gehen uns sichtlich aus, wir können uns nicht mehr ausmalen, wie wir weiterkommen könnten. P. mit vielen Farben: Der Ideenfluss ist gesichert und damit unsere Zukunft. Man beachte, welche Farbe am meisten im Traumbild gezeigt wird und ziehe sie ebenfalls zur Deutung heran.

Palmen: Sie locken uns in die Ferne, umschreiben die Sehnsucht nach Sonne und Wärme. Palmzweige sollen übrigens auf Kindersegen hinweisen.

Pantoffeln tragen beweist den Hang zur Bequemlichkeit, aus der heraus manche Ehe- oder Familienkrise entstehen kann. Gehen wir in alten P., fällt es uns schwer, uns umzustellen, auf neuen Wegen zu schreiten. Die meisten Träumer schämen sich der P., weil sie diese als Zeichen eigener Minderwertigkeit oder Unterlegenheit empfinden.

Panzer sehen: Man will sich mit Macht durchsetzen, ohne Rücksicht auf die lieben Mitmenschen. Rollen P. auf uns selbst zu, müssen wir dem Schweren, das bevorsteht, mutig entgegensehen. Wer sich als gepanzerter Ritter im Traum sieht, der sollte die harte Schale im Wachleben ablegen, die sein Herz umschließt.

Papageien: Meist die Klatschereien in unserer Umgebung, die uns Schaden zufügen wollen.

Papier beschreiben oder bemalen: Unerledigtes sollte aufgearbeitet werden. Zerreißt man das P., will man mit einer bestimmten Sache nichts mehr zu tun haben.

Paradies: Man sehnt sich nach Ruhe, nach ein wenig Glück in der Einsamkeit oder an der Seite eines lieben Menschen, der einem viel bedeutet.

Paragraph-Zeichen: Möglicherweise überlegt man, wie man dem Gesetz ein Schnippchen schlagen kann.

Parfüm sprühen oder riechen: Man will vor der Umwelt die eigenen Schwächen verdecken.

Parterre: Die Region unseres Körpers, die das Sexuelle beinhaltet. Wer dort einsteigt, will eine Eroberung machen. Steht eine Wohnung im P. leer, wird man nicht das finden, wonach man sich im erotischen Sinne sehnte.

Pass mit dem eigenen Bild sehen: Man sollte sich reisefertig machen, weil die Zeit dazu günstig ist.

Passkontrolle: Wer Angst davor hat, dem steht möglicherweise ein Konflikt mit einer Behörde bevor. Wer die P. hinter sich brachte, ist von einer Angst befreit, die sich auf Amtliches bezog, vielleicht sogar auf einen Prozess, der dann zufrieden stellend ausläuft.

Patenschaft übernehmen: Man muss mit Geldausgaben oder mit neuen Pflichten rechnen.

Patent auf eine Erfindung erhalten: Man hat eine Idee bisher nicht beachtet, erkennt jedoch plötzlich ihren Wert.

Pauke sehen oder hören: Irgendetwas wird an die große Glocke gehängt. Die P. selbst schlagen: Man fällt unangenehm auf.

Pedal: Rad fahren und nicht von der Stelle kommen: Eine eben begonnene Arbeit erweist sich als unnütz; wenn man zügig vorankommt, hat man mit seiner Arbeit Erfolg.

Peitschen: Wahllos durch die Gegend knallen beweist Begierde, sich brutaler zu geben, als man sich im Alltagsleben zeigt. Zugleich offenbart sich darin ein Minderwertigkeitsgefühl, dass man durch die Erziehung in seinen Urgefühlen gehemmt ist. Wird man ausgepeitscht (meist fühlt man dabei im Traum keinen Schmerz), duckt man sich am liebsten im Leben und lässt anderen die Gewalt.

Pelz: Selbst einen P. tragen, umschreibt die Angst vor Erkältungen, man muss sich warm halten, um fit zu bleiben. Kostbare P. tragen: Man will sich auch in eisiger Umgebung zurechtfinden und mit seinem Können durchsetzen.

Perlen: Sie bringen Kummer. Bekommt man sie geschenkt, ist bald Trauer im Hause. Verschenkt man P., kommt man bei seinen Mitmenschen trotz mannigfaltiger Beweise der eigenen Gutmütigkeit nicht so recht an.

Perücke tragen: Man möchte die ursprünglichen Kräfte wiedergewinnen, die verloren wurden. Manchmal warnt der Traum davor, sich nicht mit fremden Federn zu schmücken. Tragen andere eine P., sollte man sich vor neuen Freunden in Acht nehmen.

Pfade: Straßen durch unwegsames Gelände; verliert man sie, hat man mit einem harten Schicksalsschlag zu rechnen (siehe auch Straßen).

Pfadfinder: Man ist dabei, den richtigen Weg im Bewussten Leben zu finden.

Pfand: Wer ein P. nimmt oder hergibt, ist sich einer Freundschaft nicht ganz sicher. Pfänderspiele deuten auf den Wunsch hin, sich in einer ganz bestimmten Absicht näher zu kommen, eine Pfändung auf die Trennung von einer alten Gewohnheit.

Pfarrer: Siehe Geistlicher.

Pfau: Der Phönix, der siegreich aus der Asche steigt, das Symbol der Wiedergeburt. Einen P. sehen, heißt, dass der Träumer beglückt ist über die bunte Vielfalt des Lebens.

Pfeffer sehen, streuen oder schmecken: Man sollte ruhig etwas lebhafter sein, mehr P. haben, um ungehemmt die Freuden des Lebens genießen zu können.

Pfeife: Die Friedenspfeife, der geruhsame Alltag in glücklicher Familie. Der Pfeifenrauch bringt uns manchmal Vergangenes in Erinnerung.

Pfeifen wir selbst: Ein Warnsignal, das unser Unbewusstes gibt; wir sollten vorsichtiger taktieren als bisher und uns vor fremden Menschen in Acht nehmen.

Pfeile: Auf uns abgeschossene P. sind die kleinen Hinterlistigkeiten, mit denen sich einige Menschen uns im Alltag nähern, aber auch die Kraft, die wir nutzlos vergeuden. Schießen wir selbst die P. ab, sollten wir uns vor unbedachten Äußerungen hüten.

Pferd: Es drückt die ursprüngliche, elementare Lebenskraft des Menschen aus, das weiblich Mütterliche wie das männlich Geistige. Wenn das P. mit seinem Traumreiter eine Einheit bildet, ergeben sich für diesen kaum Schwierigkeiten auf seelischem, vor allem aber auf sexuellem Gebiet. Wird das P. im Traum gut behandelt, weist das immer auf einen nicht gestörten Lebenshaushalt hin. Wird es schlecht gehalten, jagt es durch unsere Träume als Schreckbild unserer gestörten Triebe, als der Beweis dafür, dass unser Eros Bocksprünge macht. P., die scheuen oder mit einem durchgehen, künden von der Angst, dass die Lebenskraft schwindet, die Potenz bedroht ist. Ein P. kann den Träumer warnen, dass er bei einer bestimmten Angelegenheit seine Nerven bewahren sollte. Auch die Farbe des P. spielt eine Rolle (siehe unter Farben). Nach Artemidoros ist das schöne P., das ein Mann besteigt, gleichzusetzen mit Liebesglück.

Pferdegeschirr einem Pferd anlegen: Man hat sich selbst und seine Triebhaftigkeit in der Gewalt.

Pfingstrosen: Voll erblühte P. deuten auf die Liebe zu einer älteren Frau hin, auf eine mütterliche Freundin.

Pflanzen: Gut gedeihende P. zeigen das Gedeihen von Plänen auf, die ausgeführt werden können, die Früchte tragen werden. Setzen wir junge P. ein, werden wir etwas Neues begründen, vielleicht eine Familie, ein Geschäft.

Pflaumen: Sie versprechen Männern Geschlechtsglück, Frauen Geschlechtsneid.

Pflug: Wer hinter einem P. her geht, der ist im Allgemeinen mit Fleiß bei der Sache, dem kann man so leicht nichts vormachen. Ist der P. jedoch zerbrochen, beweist das, dass einem die Arbeit zur Zeit nicht so recht von der Hand gehen will. Sieht man pflügen, möchte man die Früchte der Arbeit ernten, die hauptsächlich von anderen ausgeführt wurde.

Pillen: Siehe Medizin.

Pilze sehen oder sammeln: Man kennt die eigenen Schwächen, aber auch die seiner Mitmenschen und zieht daraus Nutzen. P. essen: Man begnügt sich selbst mit kleinen Erfolgen.

Pinsel sehen: Man verlangt nach Liebe, malt sich aus, wie schön es in trauter Zweisamkeit sein könnte.

Pistole: In der Psychoanalyse Sexualsymbol des männlichen Gliedes, auch Zeichen sexueller Spannungen und Verspannungen. Zielt man zum Beispiel auf jemanden im Traum, ohne zu schießen, lässt das auf ein Versagen in der Liebe schließen.

Plakate: Sind als Nachricht zu werten, die sich aus ihrem Text ergibt.

Polizist: Er weist uns auf den richtigen Weg, zeigt auf, was verboten und was gestattet ist. Sein Auftauchen lässt vermuten, dass in unserem äußeren oder inneren Handeln etwas Ungehöriges im Spiel ist. Der P. gilt als Konfliktzeichen, das zu einer Umstellung der Lebensführung rät.

Pomade, die man sich ins Haar streicht: gibt zu erkennen, dass man Kummer verdrängen will, insbesondere Liebeskummer (siehe auch Haare).

Portier: Steht im Empfang des Hauses, das wir bezogen haben (Haus gleich Körper!). Er soll die bösen Einflüsse fern halten und die guten einlassen. Der P. ist gewissermaßen unser eigener Charakter, der leider oft gut und böse verwechselt.

Porzellan zerschlagen: Streitigkeiten in der Familie. Dagegen verheißt zerbrochenes P., das man im Traum findet, Glück.

Postbote: Er bringt schlechte oder gute Post, was andere Traumsymbole klären können. Wenn der P. an unserem Hause vorbeigeht, wir leer ausgehen, wird sich im Wachleben Enttäuschung breit machen.

Pranger: Am P. stehend, meist schlecht oder gar nicht bekleidet, muss man den Spott der Mitmenschen ertragen; das Unbewusste bringt uns zum Bewusstsein, dass wir in einem bestimmten schwer wiegenden Fall nicht richtig handelten. Nach solchen Träumen heißt es umschalten, andere Wege gehen, Schuld abbauen.

Predigt hören: Man merke sich den Wortlaut und ziehe dann seine Schlüsse aus dem Gesagten. Nur bei einer Gardinen-P. ist die Sachlage eindeutig.

Priester: Altägyptische Traumforscher glaubten, wer einen P. im Traum sehe, erhalte bald einen ehrenvollen Posten (siehe auch Geistlicher).

Programm lesen: Man ist ein wenig pingelig und möchte gerne streng nach Vorschrift vorgehen. Im Wachleben läuft aber das P. leider mit vielen Verschiebungen ab, die wir nicht programmieren können.

Prostitution: Siehe Dirnen.

Prozess: Verliert man den P., ist es an der Zeit, sich mit einem Gegner auszusprechen und zu einigen. Gewinnt man den P., ist das nicht ins Wachleben zu übertragen; hier soll vielmehr an das Gewinnen von neuen Einsichten erinnert werden, die uns im Leben nützen können.

Prüfungen: Bei Adler und Freud »die unauslöschlichen Erinnerungen an die Strafen für Kinderstreiche«. In der modernen Tiefenpsychologie beziehen sie sich auf die Gegenwart, auf das Bestehen im Lebenskampf oder auch – in Alpträumen – auf die Angst vor der Zukunft. Übrigens hat man die P., an die der Traum erinnert, meist längst bestanden (siehe Reifeprüfung).

Prügel: Uns im Traum verabreichte P. sind im Wachleben schlagende Erfolge, die wir mit Hilfe von Selbstdisziplin und auch ein wenig Rücksichtslosigkeit erzielen. Selbst wenn wir P. austeilen, ist das nicht negativ zu werten; wir werden uns im Leben durchsetzen können.

Puder: Überdeckt manches, was hässlich wirkte. Pudern wir uns im Traum, wollen wir etwas verschleiern, das uns an uns selbst nicht gefällt.

Pumpen, ohne dass Wasser kommt: Man hat sich in eine unlösbare Angelegenheit verstrickt, bei der nichts herauskommen wird. Fließt viel Wasser beim P., können wir leicht übers Ziel hinausschießen. Nur wenn der Pumpenschwengel im ruhigen Tempo bewegt wird und das Wasser klar und beständig fließt, können wir hoffen, eine Angelegenheit mit Erfolg zu bereinigen. P. andere, ist das im Sinne von »Anpumpen« zu verstehen.

Puppe: Wer mit einer P. spielt, sagten die alten Ägypter, gewinnt ein glückliches Familienleben. Die Puppe ist freilich ein lebloses Wesen, mit dem man eben nur spielen, nicht aber zusammenleben kann, weshalb heute aus dem Traum auf die Nichterfüllung erotischer Wünsche geschlossen wird.

Q

Quadrat: Sinnbildlich dem Ort (dem Ring!) gleichzusetzen, in dem auch heute noch Kampfspiele stattfinden; man setzt sich mit den psychischen Gewalten auseinander, die das Leben bedrohen, und findet meistens eine ganz simple Lösung. Wer ein Q. im Traum zeichnet, hat viel Ordnungssinn und überträgt diesen ins Privatleben.

Quaken von Fröschen: Bedeutet eine gute Nachricht.
Quelle: Als Jungbrunnen zu verstehen, das sprudelnde Leben, die Lebenslust. Wenn ihr Wasser klar ist, ist uns Glück, Kranken die Genesung sicher. Trübes Wasser aus der Q. dagegen deutet auf Unstimmigkeiten im persönlichen Bereich hin, auf Menschen, die uns nicht wohlwollend gegenüberstehen.
Quittung erhalten: Man wird für eine Angelegenheit zur Kasse gebeten, muss für etwas zahlen, das man selbst verschuldete. Die Q., die man selbst gibt, weist auf größere Ausgaben oder finanzielle Belastungen in nächster Zeit hin.

R

Rabe: Der schwarze Vogel fliegt durch unsere Träume als Unglücksrabe, als der dunkle Gedanke, der bohrend unser Ich bedroht. In der Mythologie als Totenvogel bezeichnet, ist er als Traumsymbol ein Warnzeichen, die finsteren Gedanken, die uns beseelen, durch lichte zu ersetzen, umzukehren auf dem bisher eingeschlagenen Lebensweg, der uns nämlich schon bald ins Nichts führen würde.
Rad: Es deutet das eigene Fortkommen an, den Willen, aus eigener Kraft etwas zu erreichen. Auch als Kreis zu deuten.
Rahmen: Das eingerahmte eigene Bild zeigt unsere Eitelkeit auf; der R. ohne Bild schildert unsere Hilflosigkeit, etwas zu erreichen, ohne die dafür nötigen Mittel zu besitzen.
Raketen: Die flüchtigen Erinnerungen und Gedanken, die uns durcheinander bringen können. Feuern wir eine R. selbst ab, kann das auf unsere etwas unstete Art hinweisen, auf unsere Ideen, die zischend verpuffen.
Rasen: Liegt der R. grün und gepflegt in unserer Traumlandschaft, weist er auf unser Wohlergehen hin. Wenn er voller Unkraut ist, lässt er des Lebens Schattenseite erahnen, ein etwas schlampiges Liebesverhältnis, ein unordentlich bestelltes Haus.

Rasieren, ohne sich zu schneiden: Gewinn in Sicht! Rasiert werden: Man muss bezahlen, weil man sich falsch verhalten hat.
Rätsel lösen: günstige Vorbedeutung, denn wir werden das Geschäft unseres Lebens machen. R., die nicht zu lösen sind, bedeuten Probleme, an denen wir lange zu knabbern haben, oder geschäftliche Fehlentscheidungen.
Ratten: Siehe Nagetiere. Das dort Gesagte kann noch um einen weiteren Angstzustand vermehrt werden, die Angst vor Krankheiten.
Raub: Werden wir beraubt, lässt das auf Minderwertigkeitskomplexe im sexuellen Bereich schließen oder auf Charakterschwächen. Räuber, die wir im Traum auf frischer Tat ertappen, sind die Fehler, die wir mit uns herumschleppen müssen. Da wir sie erkannt haben, können wir gegen sie vorgehen.
Raubtier: Unser Triebleben, das wir im Zaume halten müssen, weil es sonst ausbricht und alle Schranken niederreißt, die ihm Sitte und Anstand setzen. Man beachte die weiteren Symbole des Traums.
Rauch sehen beweist immer eine unklare Lage, in der wir uns befinden und die uns arge Kopfschmerzen bereitet.
Reben: Voller Trauben hängende R. künden vom Glück im eigenen Heim. Wenn sie ohne Früchte sind, hängt der Haussegen schief.
Rechnung: Sie ist in Verbindung mit Zahlen (siehe dort unter eins bis dreizehn) zu deuten. Geht sie auf, so geht auch unsere Lebensrechnung auf, das heißt, wir können frohgemut in die Zukunft schauen, uns an die Verwirklichung neuer Aufgaben heranwagen. Lösen wir die R. nicht, sind wir in einer Konfliktsituation, aus der wir uns nur durch eigenes Hinzutun befreien können. Oder wir haben Angst, etwas Neues in Angriff zu nehmen.
Rechtsanwalt: Er hilft uns, manches zu richten, das im Wachleben verkorkst wurde. Es kann auch auf den Wunsch hinweisen, dass man eine kritische Angelegenheit, die Sorgen machte, endlich beseitigen möchte.
Rede halten: Man möchte auf seine Umwelt wirken und sie in

seinem Sinne beeinflussen. Hält ein anderer eine R., warnt uns das, sich von niemandem im Wachleben bereden zu lassen.

Regen: Er kommt aus dem Himmel herab und befruchtet die Erde. Wir werden also die Früchte unserer Arbeit oder unserer Liebe ernten, unsere Hoffnungen und Wünsche können in Erfüllung gehen. Peitscht uns der R. stürmisch ins Gesicht, werden wir uns auf manchen Streit, auf manche vergebliche Liebesmüh gefasst machen müssen.

Regenschirm: Er umreißt unser Schutzbedürfnis. Ein alter Mann zum Beispiel, der im Traum verzweifelt versucht, den verlorenen R. wieder zu finden, versucht im Wachleben vielleicht krampfhaft, die verlorene Sexualkraft wiederzuerlangen.

Rehe: Glücksboten, aber wie das Glück fliehen sie, so schnell sie gekommen sind, wieder von hinnen. Der Rehbock warnt vor übereiligen Entschlüssen. Gehen wir im Traum auf die Jagd nach R., sollten wir uns im Wachleben vor unbedachten Äußerungen oder vorschnellen Entschlüssen hüten.

Reifen: Siehe Rad und Kreis. Einen R. um ein Fass schlagen, bedeutet die Anknüpfung einer neuen Beziehung.

Reifeprüfung: Muss man die R., die man längst bestanden hat, noch einmal machen, bedeutet das eine Umstellung der eigenen Persönlichkeit auf eine andere Lebensform, die seelische Wandlung des eigenen Ichs. Die R. nicht bestehen: Angst vor Umstellungen, die man nicht verkraften könnte, ein sich Wehren gegen Neuerungen (siehe Prüfungen).

Reisen: Haben stets mit einer Veränderung des seelischen Standpunkts zu tun, mit dem Wohin unserer Lebensreise. Hier werden Stationen angeführt, an denen wir verweilen möchten, aber auch das Wegwollen von einem bestimmten Ort, aus einer Verantwortung wird angedeutet.

Reisende, die mit uns fahren: Sie sind eigene Seelenteile, die über unsere Konstitution, unsere Lebensführung aussagen. Es ist also darauf zu achten, welchem Typus man im Traum seine Zuneigung schenkt, welcher Wesenszug uns gewissermaßen unterkriegt.

Reißbrett: Am R. zeichnen bedeutet fürs Wachleben ein Pläneschmieden, das sich in die Tat umsetzen lässt.
Reiten: Sexuell zu werten (siehe Pferd).
Reklame: Siehe Plakate.
Rennen deutet auf eine verpasste Gelegenheit hin, die man im Nachhinein doch noch nutzen möchte.
Restaurant: Umschreibt die Vergnügungen, die uns eine Menge Zeit und Geld kosten (siehe auch Gasthaus).
Retten: Wird jemand im Traum von uns gerettet, können wir froh und gut gelaunt sein, denn wir werden für eine Sonderarbeit fürstlich belohnt werden. Lassen wir uns r., kann das nur der Hinweis auf eine Gefahr oder eine Krankheit sein, die im Anzug sind.
Revolver: Siehe Pistole.
Rezepte: Koch-R. sind übersetzt gute Lebens-R., nach denen wir uns richten sollten. Man kann sie aus den Symbolen ablesen, die darin enthalten sind.
Richter: Sie legen unsere Worte oft ganz anders aus, als wir sie meinten. Deshalb ist Vorsicht geboten; man sollte im Wachleben nichts Unbedachtes sagen und schon gar nicht einen Vertrag unterschreiben, den man nicht zweimal langsam und überlegend durchgelesen hat.
Riegel: Im Traum vor eine Tür geschobene R. lassen uns in einer Liebesangelegenheit verzweifeln, wir finden nämlich nicht den gewünschten Anschluss. Schieben wir einen R. zurück, machen wir das Tor der Zukunft weit auf; wir werden in der Liebe oder im Berufsleben Erfolge einheimsen können, die wertbeständig bleiben.
Riesen: Deuten auf Riesengeschäfte hin, auf Supergewinne. Sie warnen lediglich vor übertriebenem Sex.
Rind: Siehe Kühe.
Ring: Umschreibt die Bindung an einen Menschen. Findet man einen R., wird man sich verlieben. Zieht man ihn vom Finger, verliert man das, was man liebt, oder macht selbst einen Seitensprung, der Folgen haben kann. Zerbricht ein R., geht eine Verbindung in die Brüche.

Ringen mit einem Gegner: Wir haben uns im Wachleben mit einer Sache auseinander zu setzen, deren Ausgang recht ungewiss ist.
Romane lesen: Bedeutet, dass man sich im Alltag zu sehr an anderen orientiert und nicht auf seine eigenen Werte verlässt.
Rosen: Beglücken, deuten auf etwas Gefühlvolles hin. Die Größe ihrer Blüte weist auf besonderen Reichtum der Seele hin. Die Nähe des Kreuzes, symbolisiert durch die Dornen, ist nicht zu übersehen. Neben dem Glück, der Beglückung liegt eben auch das Leid. Man achte auf die Farbe der R.
Rot: Die Farbe des Blutes, des Feuers. Sie hat etwas Kämpfensches, Leidenschaftliches. Gemildert ist sie die Farbe der Liebe und der Barmherzigkeit. Als Gefühlsfunktion beinhaltet sie Hingabe oder aber Bedrängnis, Tugend oder Laster, was aus den weiteren Symbolen eines Traumes zu lesen ist.
Roulette: Im Traum werden meist die Chancen im Roulette, das in Spielbanken gespielt wird, ins Gegenteil verkehrt; Verlust heißt Gewinn (oder Einsicht), Gewinn Verlust (oder Überheblichkeit).
Rücken: Er liegt im Schatten des Bewusstseins, wo wir verwundbar sind; es lauern Gefahren aus dem Unbewussten, seelische Schäden, die wir nur schwer reparieren können.
Rucksack: Die Bürde, die man auf der Lebenswanderung trägt, aber auch das Ränkespiel hinter unserem Rücken. Wenn der R. im Traum abgelegt wird, heißt das umgesetzt ein Ablegen von dem, was auf uns lastet oder das Erkennen von Falschspielern auf unserem Lebensweg.
Rudern: Die Bewegung, die wir auf dem Wasser ausführen, das bekanntlich keine Balken hat. Man sollte es mit einer schweren Arbeit vergleichen, die viel Schweiß kostet, aber am Ende guten Lohn bringt. Kommen wir beim R. nicht von der Stelle, wursteln wir uns durchs Leben und sind arbeitsunlustig.
Ruine sehen: Irgendetwas gemahnt uns an das Vergängliche, dessen Teil wir sind. Die R. kann auf unseren Körper hinweisen, der Aufbaustoffe braucht, damit er nicht von Krankheiten geschüttelt wird.

Runzeln im Gesicht: Deuten auf die Erfahrungen hin, die wir im Leben machen mussten. Meist sind es die trüben Gedanken, die uns zur Zeit heimsuchen, die wir aber für unser eigenes Wohlbefinden besser abschütteln sollten.
Rüssel: Der Elefanten-R. wird in der Psychoanalyse als riesengroßes männliches Geschlechtsteil und demnach als Ausdruck großer Potenz gedeutet. Wir schließen uns da eher den modernen Tiefenpsychologen an, die das Umschlingende des Rüssels als Schutz vor Gefahren deuten.
Ruten binden: Man kann sich nur schwer binden, man hat verworrene Vorstellungen. Mit R. geschlagen werden: Man ordnet sich unter, auch wenn es schwer fällt. Wer andere mit der R. schlägt, beweist sein geringes Anpassungsvermögen; er wird, wenn er sich nicht zusammenreißt, im Leben scheitern.
Rutschen deutet auf ein Abgleiten nach unten hin. Man kann sich in einer besseren Stellung nicht halten oder hat nicht genügend Charakterfestigkeit.
Rutschbahn: Stellt das ewige Auf und Ab dar, mit dem die meisten Menschen im Laufe ihres Lebens konfrontiert werden.

S

Saal: Man befindet sich unter vielen Menschen und kann sich unter ihnen verstecken: Man wird im Wachleben ein Mitläufer sein, der sich der Masse anpasst. Steht man in einem S. allein und kommt sich verloren vor, sollte man schleunigst Kontakte suchen, sonst wird man eines Tages keinen Freund mehr an seiner Seite wissen.
Saat: Geht die S. auf, heißt das übersetzt der Neubeginn, den wir versuchten und bei dem wir vorsichtig taktieren müssen, um nicht die zarten Pflänzchen zu zerstören, die sich durch die Kontakte in dieser neuen Umwelt darstellen. Wer über die aufgegangene S. hinwegschreitet, wird im Wachleben unachtsam sein und manche Chance zerstören, die sich ihm bietet.

Säbel: Siehe Degen.

Sack: Wer einen vollen S. trägt, schleppt im Wachleben an großer Verantwortung oder bringt finanziellen Gewinn mit, der leicht wieder entgleiten kann. Ein leerer S. ist als Armut und Entbehrung zu deuten.

Säge sehen: Eine Trennung steht durch eigene Schuld bevor, aber sie kann verkraftet werden. Sägt man selbst, will man sich aus einer schlechten Lage befreien. Ist die S. nicht scharf genug, wird man seinen Kummer kaum los. Sieht man andere sägen, deutet das auf abwegige Gedanken hin, dass man Menschen loswerden will, die einem lästig sind.

Sägespäne: Sieht man S. oder trifft auf sie, bedeuten sie übertragen die kleinen Dinge, die man stets vergisst, die man liegen lässt. Man soll daran erinnert werden, dass auch Kleinigkeiten ihren Wert haben.

Sahne: Siehe Milch.

Saiten eines Streichinstrumentes stimmen: Man wird eine Verstimmung schnell vergessen. S. mit dem Bogen streichen: Siehe Musikinstrumente.

Salat sehen: Die Freude am einfachen Leben. S. essen: Man ist von sich überzeugt. S. in Reih und Glied pflanzen: Man liebt die Ordnung und setzt sich damit durch.

Salbe benutzen: Was uns in letzter Zeit zusetzte, wird vergessen werden können. S. einem anderen aufstreichen: Wir sind bemüht um jemanden, der es eigentlich nicht verdient.

Salz sehen: Wir leiden körperlich unter einem Mangel (das S. ist bekanntlich ein lebenswichtiger Stoff). Um Gesundheitsstörungen zu vermeiden, sollte die Mangelerscheinung ernst genommen werden. S. verstreuen: Ärger im engsten Familienkreis. Wer S. auf der Zunge spürt, sollte im Wachleben nicht mehr lügen.

Samen säen: Man legt den Grund für eine erfolgreiche Tätigkeit, die wunschgemäß verlaufen wird. S. kaufen, aber noch nicht säen: Eine Stockung des Persönlichen wird viel zu schaffen machen.

Samt angreifen und darüberstreichen: Man sehnt sich nach einschmeichelnden Worten, nach ein bisschen Liebe. S. selbst tragen: Man sollte die Nase nicht allzu hoch tragen und sich über andere erhaben fühlen.

Sand: Oft die Körnchen, die wir anderen in die Augen streuen möchten. Wer einen Sandsturm sieht oder in ihn hineingerät, wird schon bald einen herben Verlust durch Falschheit und Unverstand seiner Mitmenschen erleiden. Gräbt man sich in den S. ein oder liegt man in einer Kuhle, untergräbt man sich selbst die eigene Existenz.

Sarg: Wenn der S. verschlossen ist, steht ein Abschied von einem Menschen oder auch von einer Lebenseinstellung bevor. Schwimmt der S. im Traum wie ein Boot, wird etwas hinweggeschwemmt, was uns ängstigte. Wie wir allein aus diesen beiden Beispielen ersehen, schließt der S. im Traum irgendetwas ab, er beseitigt aber auch Vorurteile. Wer einen Leichnam im S. sieht, möchte einen Trennstrich in der Liebe ziehen; das kann auch eine Ehescheidung bedeuten. Liegen wir selbst in einem S., sollten wir die Vergangenheit vergessen und nur auf die Zukunft bauen.

Sattel: Ein Pferd satteln lässt Gewinne erhoffen, die lediglich ideell zu sehen sind. Sehen wir den S. nur, können wir erwarten, dass unsere Lebenslast von einem anderen mitgetragen wird.

Schach: Sich als Spieler in einer günstigen Position sehen bedeutet, dass man zwar mit wachem Verstand arbeitet, aber seine Überlegenheit im Allgemeinen viel zu wenig ausnützt. Spielt man schlecht, wird man wohl einen Partner suchen müssen, der sich aufs Gewinnen versteht. Werden die Schachfiguren auf den Boden geworfen oder in einen Kasten getan, sollte man in nächster Zeit zurückhaltender sein, damit man sich nicht alle Freunde vergrault.

Schafe: Selbst schwarze Schafe sind nach Artemidoros von guter Vorbedeutung; man wird ein Werk vollenden, eine wichtige Arbeit vorantreiben, wenn man sie im Traum sieht. Hier sei vor allem die Geduld der S. hervorgehoben, die sich der Träumer im

Wachleben zu Eigen machen sollte, um im Sinne von Artemidoros Erfolg haben zu können.

Schäfer: Er gibt aus dem Unbewussten heraus die Anregung, sich anzupassen und nicht gegen Gesetzmäßiges zu verstoßen (so wie es die Schafe tun, die an ihre Gesetze gewissermaßen von den Hunden des Schäfers erinnert werden).

Schafott: Das Zurücklassen einer schicksalsträchtigen Zeit, in der man sich immer richtig benommen hat. Ein S. sehen: So genannte gute Freunde wollen uns von einer uns günstigen Veränderung in unserem Leben abhalten. Das S. besteigen: Man wird neue Einsichten gewinnen, die sich im Leben auszahlen werden.

Schale: Das Symbol des Schoßes, übersetzt auch die Opferschale; man opfert sich für jemanden auf oder gibt sich (bei Frauen) jemandem ganz hin. Zerbricht eine S., dann zerbricht auch die Liebe. Altägyptische Traumforscher glaubten, wenn man eine S. im Traum sähe, erlange man im Wachleben großes Ansehen.

Scharfrichter: Er beendet mit einem Streich oder einem Knopfdruck eine Zeit der Bedrückung und des Sichgehenlassens. Wer also einen S. im Traum sieht, kann sich eine glückliche Zukunft ausrechnen, in der er sorgenfrei leben kann.

Schatten: Das, was nicht hell und klar zu Tage tritt, das Ungewisse, das uns fürchten lässt. Einen S. sehen: Wir bilden uns ein, dass wir im Leben nicht zurechtkommen, uns fehlt der Mut, wir haben vor jedem und allem Angst, eine Angst, die schon an Verfolgungswahn grenzt. Sitzen wir im S., während die Sonne scheint, wird sich bald eine Angelegenheit zu vollster Zufriedenheit klären lassen.

Schattenriss ins Positive verkehrt sehen: Eine anstehende Angelegenheit wird erhellt und kann günstig geklärt werden. Der S. als solcher ist wie unter Schatten zu deuten.

Schatz suchen und nicht finden: Man jagt einem Phantom nach, wird aber keinen Schaden erleiden. Einen S. ausgraben: Man wird möglicherweise von einer Hoffnung enttäuscht; unsere finanzielle Lage spitzt sich zu, so dass wir uns an einen Strohhalm klammern, der uns kaum retten wird. Vergräbt man einen S., will man einen Menschen, der einem bisher freundlich gesinnt war, verprellen. Vergräbt ein anderer einen S., will uns ein Freund oder ein Verwandter einen Streich spielen.

Schatzgräber: Die undurchsichtigen Menschen in unserer Umwelt, vor denen wir uns hüten sollten. Sie werden manchmal vom Unbewussten vorgeschickt, um uns zu warnen.

Schaufel tragen: Man will seiner Umwelt beweisen, dass man tüchtig ist. Mit einer S. arbeiten: Man wird sich bei der Arbeit ducken und so das Wohlwollen höherer Stellen erlangen.

Schauspieler sehen: Man sollte sich vor Leuten hüten, die nur das nachsprechen, was andere ihnen vorsagen. Selbst S. sein: Man will sich in den Vordergrund spielen; ob das gelingt, werden weitere Symbole eines Traumes erläutern können (siehe auch Oper).

Schaukeln: Wer auf einer S. sitzt, dessen Gefühle schwanken zwischen zwei verehrten Menschen hin und her; man kann sich in der Liebe nicht recht entscheiden, möglicherweise sitzt man zur Zeit auch im Beruf zwischen zwei Stühlen. Andere schaukeln sehen: Man entdeckt Menschen in seiner Umgebung, die nicht wissen, ob sie sich einem anvertrauen sollen, die in ihrer Meinung sehr schwanken.

Schaum sehen: Man ist ein rechter Schaumschläger, was gute Vorsätze und Versprechungen angeht. Andere S. schlagen sehen: Man sollte sich besser nur auf die eigene Kraft verlassen und nicht auf das, was andere versprechen oder in Aussicht stellen.

Schecks: Haben im Traum kaum etwas mit Zahlungsmitteln zu tun, sondern meist mit Versprechen oder Verpflichtungen. Schreiben wir also einen S. aus, übernehmen wir eine Verpflichtung, die wir auch einlösen wollen. Schreiben andere einen S. aus, lösen sie ein Versprechen ein. Werden mehrere S. ausgestellt, lädt man sich zu viel auf und kann kaum halten, was man versprach. Wichtig sind natürlich wieder die Zahlen, die auf die S. geschrieben wurden, manchmal auch der Name, den man darauf liest.

Scheidung: Bedeutet nicht tatsächlich den Schlussstrich unter eine

Ehe, sondern umschreibt eher, dass man nicht allzu viel Glück mit Liebespartnern hat.

Scheintot: Sieht man sich selbst s., will man sich dünne machen, sich vielleicht klammheimlich aus dem bisherigen Freundeskreis stehlen. Andere s. sehen: Es geschehen Dinge, über die man sich eigentlich nicht aufregen sollte.

Scheinwerfer: Wenn der S. auf einen bestimmten Gegenstand oder Punkt gerichtet wird, sollte man sich diesen gut merken; er macht auf ein besonderes, sehr günstiges Ereignis in unserem Leben aufmerksam. Ist der S. auf uns gerichtet, hat man uns durchschaut und glaubt nun, mit uns spielen zu können.

Scheiterhaufen: Er richtet unsere Seele aus unseren Schuldgefühlen. Brennt der S., sollten wir uns im Wachleben zurückhalten, um nicht anzuecken. Sieht man sich selbst auf einem S., sollte man in sich gehen und sein Leben überdenken, um Fehler abbauen zu können. S., die aufgeschichtet werden, sind Warnungen, sich nicht fremden Menschen anzuvertrauen und seine Meinung nicht auf den Präsentierteller zu legen.

Schemel: Sind Hilfen im Haus, damit man es bequemer hat. Wer seine Füße im Traum auf einen S. stellt, der weiß, dass er eine treu sorgende Hausfrau hat (umgekehrt kann eine Frau auf einen treuen Hausvater bauen). Sitzt man aber auf einem S., muss man sich im Privatleben ducken und hat wohl den Drachen im Haus.

Schenken: Man kann mit Entgegenkommen rechnen (siehe Geschenke).

Scherben: Bringen nicht immer Glück (siehe Glas, Porzellan oder andere Gegenstände aus zerbrechlichem Material).

Scheren: Bringen Streitigkeiten und Ärger. Wer eine S. geschenkt bekommt, soll das Band, das ihn bisher mit dem Schenkenden verband, zerschneiden. Schneidet man mit einer S., will man eine reinliche Trennung haben. Sieht man jemand anderen damit schneiden, will dieser Mensch uns sozusagen die Klamotten hinschmeißen.

Scherenschleifer: Übersetzt der Mann, der in ein enges Verhältnis

Zwietracht säen möchte. Wo er auftaucht, wird ein trübes Süppchen gekocht, steht ein Nebenbuhler bedrohlich vor der Tür oder gar schon mitten im Zimmer.

Scheune: Ist die S. leer, müssen wir uns mit wenigem begnügen. Ist sie gefüllt, haben wir finanziellen Zuwachs oder finanzielle Vorteile zu erwarten.

Schießen: Siehe Schüsse, Pistole.

Schiff auf großer Fahrt: Nach dem chinesischen Weisheitsbuch »I Ging« ist es oft »gut, das Wasser zu überqueren«. Das S. im Traum ist übersetzt meist unser Lebens-S., die auf schaukelnden Wellen getragene eigene Persönlichkeit. Aus dem Traum heraus kann jeder leicht selbst deuten, ob die Lebensreise einen guten oder einen schlechten Aspekt enthält, wobei er weitere geträumte Symbole unbedingt zur Deutung heranziehen sollte (siehe auch Segelboot, Boot u. a.).

Schiffbruch: Unsere Lebensreise wird jäh angehalten, irgendein schlimmes Erlebnis steht bevor. Retten wir uns im Traum vor dem sicheren Untergang, wird es sich nur um eine vorübergehende Schlechtwetterlage handeln, gehen wir unter oder sehen andere untergehen, droht Gefahr für uns oder unsere Familie. Können wir uns jedoch im Traum an Land retten, nimmt eine unübersichtliche Geschichte, in die wir verwickelt sind, eine glückliche Wende.

Schildkröte: Sie symbolisiert den schützenden Panzer, den wir um unser angefeindetes Ich legen, die Einkehr, die wir in uns selbst halten. Sie mahnt zur Zurückhaltung, die uns schützt.

Schilf, darin stehen: Man ist unachtsam und wird zu Schaden kommen, wenn man nicht entschlossen gegen seine ureigenen Fehler ankämpft. Schneidet man S. und bringt es an Land: Man wird sich mit beiden Händen aus dem Dreck ziehen und in naher Zukunft auf der Straße des Erfolges weitergehen.

Schirm: Siehe Regenschirm. Ein Sonnen-S. erläutert ein Schutzbedürfnis vor allzu aufdringlichen Menschen, die sich in unserem Glanze sonnen möchten.

Schlachten: Immer ein Begriff, der ein negatives Tun umschreibt. Daher sollten wir, wenn wir von ihm träumen, überlegen, ob wir uns etwas vorgenommen haben, bei dem eventuell unser guter Ruf auf dem Spiele stehen könnte.

Schlafen: Übersetzt man am besten mit der volkstümlichen Redensart »Da haben wir aber mal wieder ganz schön geschlafen«, wir haben mit anderen Worten im Wachleben etwas Wichtiges verpasst, das nun uneinholbar verloren ging. Sehen wir andere s., können wir darauf rechnen, dass diese auch nicht gerade wach durchs Leben gehen, die wir darum im Beruf oder im Geschäft überholen werden. S. wir mit einem Partner zusammen im Traum, kann das gute Freundschaft bedeuten.

Schlafwagen: Wer sich in einem fahrenden S. schlafen sieht, hat's mit der eigenen Bequemlichkeit, die ihn manches verpassen lässt im Leben. Nach einem solchen Traum sollten wir uns ruhig einmal selbst wachrütteln und mit Elan an die Dinge herangehen.

Schlafzimmer: Der Raum, in dem sich unser Intimleben abspielt, in dem unser Ich in ein anderes Ich schlüpfen kann. Er deutet oft Liebesleid an – vor allem, wenn man dort mit einer Person zusammen schläft, die man eigentlich nicht leiden kann. Ist das S. rot ausgelegt, deutet das auf sexuelle Sehnsüchte hin, die bisher nicht erfüllt wurden. Betritt man ein fremdes S., wird man zu jemandem in intime Beziehungen treten, der sich bisher zurückhielt. Steigt ein Fremder in unser S. ein, werden wir im Wachleben beleidigt oder in eine peinliche Verlegenheit gestürzt werden. Steigen wir selbst in ein fremdes S. ein, planen wir einen Seitensprung.

Schlagbaum an einer Grenze: Unser Fortkommen ist gehemmt. Manchmal deutet er Hemmungen in sexueller Form an, ein Nicht-mehr-weiter-Kommen im augenblicklichen Liebesverhältnis. Öffnet sich der S. zur Weiterfahrt, bleiben meist erkaltete Gefühle zurück, aber das Öffnen lässt auch die vage Hoffnung zu, dass sich alles noch einmal zum Guten wenden möge.

Schläge bekommen: Günstig zu werten; sie sind gewissermaßen die Nachschläge, die wir im Wachleben erwarten dürfen, die Extrazuteilungen an geschäftlichem Erfolg. Teilen wir selbst die S. aus, umschreibt das den unbedingten Willen zum Durchsetzen der eigenen Meinung (siehe auch Prügel).

Schlamm: Gehen wir durch S. hindurch, haben wir im Wachleben nicht unbedingt den besten Umgang, weil es da Leute gibt, die uns gern zu sich und ihrem ausschweifenden Leben herabziehen möchten.

Schlange: Das Symbol weist nach C. G. Jung auf etwas Bedeutsames im Unbewussten hin; es kann gefährdend und Heil bringend sein. Oft verdeckt es als Sexualsymbol das dahinter stehende Geistige, etwa die Enthüllung eines Geheimnisses. Eine S. plötzlich aus dem Dunkel auftauchen sehen, bedeutet demnach die Furcht, ein sorgsam gehütetes Geheimnis könne uns entrissen werden. Wo S. sich durch unser Traumbild schlängeln, ist Unruhe in unsere Seele eingekehrt. In Frauenträumen ist eine gelbe S. die Angst vor der Begegnung mit männlicher Sexualität. Die rote S. geht oft über in die Gestalt des Phallus, die weiße deutet Seelentiefe an. Dunkle S. können den Träumer auf eine Umstellung seiner bisherigen Lebensweise hinweisen, grüne auf Energien im Körperhaushalt, die man noch nutzen könnte. Das sprichwörtliche »S.-am-Busen-Nähren« kann auch auf die Traumdeutung angewendet werden: Wer mit S. allzu freundschaftlichen Verkehr hegt, ist auf dem Weg zu Verrat und Betrug. Mit anderen Symbolen zusammen kann die S. jedoch sehr oft positiv gedeutet werden, als etwas Heilendes; nicht umsonst windet sich um den Stab des griechischen Traum- und Heilgottes Asklepios (Äskulap) eine S. Bekanntlich häutet sich eine S. häufig, was seit altersher als Befreiung von Krankheit gedeutet wird.

Schlangenbiss: Besonders häufig in die Ferse, vergleichbar der leicht verletzbaren Achillesferse; man muss Fersengeld geben, das heißt, eine Gefahr droht, vielleicht steht auch nur ein Wechsel im Berufsleben an. Erotische Version des S.: Jemand vergiftet oder stört unser Liebesleben.

Schleier: Wer sich im Traum einen S. zulegt, der will im Wachleben etwas verbergen, der will sich nicht zeigen, wie er eigentlich ist. Tragen andere uns gegenüber S., sollen wir getäuscht werden. Ein zerrissener Braut-S. ist wie die Gefühle, die uns für das, was wir zu lieben glaubten, abhanden gekommen sind. Ein Trauer-S. ist nur Staffage, Ausstellungsstück; denn in diesem Fall brauchen wir niemanden beweinen, den wir lieben.
Schleifen wir selber: Irgendetwas in uns ist nicht geschliffen genug; das Unbewusste will uns auf unsere Umgangsformen aufmerksam machen. Sieht man andere beim S., dann wetzen sie die Messer, um uns Schaden zufügen zu können.
Schleifstein: Nach Artemidoros ein Zeichen der Aufmunterung, des geschliffenen Umgangs mit anderen Menschen.
Schlinge: Sie ist etwas Umschlingendes. Sieht man eine S., baut man im Beruf und im Privatleben auf das, was man hat, und nicht auf das, was man eventuell bekommen könnte. Legt man jemandem eine S., ist das gewissermaßen der Fallstrick, über den unsere Konkurrenten purzeln sollen. Umgekehrt kann man freilich in der S. eines anderen gefangen werden; dann wurde man in die Falle gelockt, die natürlich auch eine Liebesfalle sein kann, in der man sich wohl fühlt.
Schlitten fahren und gut vorwärts kommen: Man kann Erfolg auf glattem Parkett haben. Bleibt der S. stehen, wird man sich im Wachleben eine Blöße geben. Fährt ein anderer auf unserem S. mit, kann man leicht mit ihm oder er mit uns »S. fahren«, das heißt, man bekommt gehörig die Meinung gesagt.
Schloss sehen: Unser Hochmut könnte vor dem Fall kommen. Ein S. selbst bewohnen: Wir wollen mehr scheinen, als wir in Wirklichkeit sind.
Schlosser sehen: Eine Tür wird einem aufgetan werden, die bisher verschlossen war; wir werden also ein Herz für uns erschließen. Sind wir selbst der S., fühlen wir uns bei allen möglichen Gelegenheiten als Vermittler; vielleicht ist jedoch das den Menschen, zwischen denen wir vermitteln wollen, gar nicht so recht.

Schlucht: Der Weg, der zwischen zwei Bergen hindurchführt, hat etwas Drohendes; übersetzen könnte man ihn mit einer seelischen Bedrängnis, aus der es nur den einen Ausweg gibt, der in unserem eigenen charakterlichen Verhalten beschlossen liegt. Sehen wir einen anderen in einer S., werden wir einen nahe stehenden Menschen aus einer unangenehmen Zwangslage befreien.

Schlüssel: Nach Artemidoros bedeutet es, dass man den S. zu einem Herzen gefunden hat, das unserer Liebe wert ist. In anderem Zusammenhang gesehen: Eine Ortsveränderung ist im Augenblick nicht möglich, deshalb sollte eine geplante Reise nicht angetreten werden. Natürlich kann das Traumbild auch der S. zu einem Geheimnis sein; verliert man ihn, so wird man nie und nimmer dahinter kommen. Geht ein S. verloren, sollten wir übrigens mit der Geheimniskrämerei endlich Schluss machen.

Schlüsselbund in der Hand haben oder sehen: Man verzettelt sich ein wenig und kann sich nur schwer entscheiden – der richtige Schlüssel zu dauerhaftem Glück wird nicht gefunden.

Schmerzen deuten im Allgemeinen auf Überempfindlichkeiten hin. Hat man sie in der Zwerchfell- oder Lendengegend, stehen Probleme in der Liebe an, die geheilt werden sollten, möglicherweise durch Amputation, das heißt Partnerwechsel. S. weisen meist nicht auf körperliche Krankheitszustände hin.

Schmetterling: Schon die alten Ägypter übersetzten den S. mit dem unbeständigen Glück des Menschen. Sieht man sich selbst als S., verflattert das Leben gedankenlos und unbewusst. Fängt man einen S., spricht Treulosigkeit aus den zwischenmenschlichen Beziehungen. Sieht man nur einen S., ist Leichtsinn im Spiel.

Schmied: Deutet auf einen harten Schicksalsschlag hin, der unser Leben im positiven Sinn umkrempelt. Er schmiedet gewissermaßen unsere innere Persönlichkeit, den Charakter.

Schminke: Die im Traum aufgetragene S. ist wie Puder ein Tarnmittel; wir halten mit irgendetwas hinter dem Berge, verbergen unsere Unsicherheit hinter scheinbarer Arroganz. Sehen wir geschminkte Menschen, sollten wir bei der Wahl neuer Bekanntschaften vorsichtig sein.

Schmuck anziehen: Man will sich schmücken, um andere von eigenen Fehlern abzulenken. Verschenken wir S., wollen wir ein herzliches Verhältnis zur Umwelt erzwingen, weil wir vielleicht nicht allzu sehr von uns selbst und unseren Fähigkeiten überzeugt sind.

Schmutz: Siehe Dreck.

Schnallen: Wenn man an einem Kleidungsstück oder Schuh S. schließt, will man etwas in Ordnung bringen, was einen ärgerte, Kleinigkeiten nur, die die eigene Persönlichkeit abwerteten. S. öffnen: Veränderungen stehen ins Haus, die durch unsere eigene Schuld negativ verlaufen können.

Schnecke sehen: Man möchte in einer bestimmten Angelegenheit den langsamen Gang einlegen, wird aber von den Ereignissen überrollt. Zertreten wir eine S., ist unsere Geduld am Ende; wir wollen handeln, begehen dabei aber eine Unvorsichtigkeit. Geduld ist vonnöten, wenn wir sehen, wie sich eine S. in ihr Haus verkriecht.

Schnee: Das Leichentuch der Natur, übersetzt die Gefühlskälte, die Angst vor Impotenz und Einsamkeit. Nur wenige Träume von S. haben Positives zu berichten (eine fröhliche Schneeballschlacht wäre vielleicht so zu deuten, obwohl sie nebenbei auch von Rivalität spricht). Versinken wir im S., ist das Gefühl zu jemandem erkaltet, den wir zu lieben glauben. Schon die altägyptischen Traumforscher behaupteten, wer S. sehe, dem stehe eine Veränderung seiner eigenen Verhältnisse bevor, wenn man mühsam durch ihn hindurchwate, werde man in absehbarer Zeit in Bedrängnis kommen.

Schneemann bauen: Man sollte mit etwas mehr Wärme und Herzlichkeit seinem Partner gegenübertreten. Sehen wir einen S. im Traum, finden wir, dass sich unser Partner nicht besonders heftig um uns bemüht.

Schneiden: Bedeutet immer ein Wagnis – egal, was geschnitten wird. Das Wagnis kann möglicherweise positiv verlaufen, in den meisten Fällen stellen wir jedoch fest, dass wir uns »in den Finger schnitten«, wenn wir glaubten, auf abenteuerliche Weise und mit Brachialgewalt durchzusetzen, was sich mit »Köpfchen« viel leichter erreichen ließe.

Schneider: Das sind die Leute, die für uns etwas tun sollen, was wir selbst uns nicht zutrauen. Die S. im Traum zeigen unseren fehlenden Mut auf, das Nicht-mehr-weiter-Können aus eigener Kraft. Sind wir selbst S., trifft auf uns zu, was unter Schneiden gesagt wurde.

Schnupfen: Die Erkältung des eigenen Charakters, der nicht besonders kontaktfreudig zu sein scheint.

Schornstein: Übersetzt das Gefühl, dass man einmal Dampf ablassen, sich von Bedrückendem frei machen sollte.

Schornsteinfeger: Der volkstümliche Glücksbringer befreit uns im Traum von (seelischen) Lasten, bringt insofern auch Glück und das Gefühl, dass man etwas überwunden hat, was einen besonders bedrückte. Das können Minderwertigkeitskomplexe und sonstige Charakterfehler sein, die uns das Zusammenleben mit unseren Mitmenschen erschweren.

Schrank: Man will etwas verschließen, was einem wert erscheint. Das kann der Partner sein, den man ins Herz schließen möchte, um ihn nicht mehr zu verlieren; das kann aber auch eine liebenswerte Angewohnheit sein, die man ängstlich hüten will. Öffnen wir einen S. und sehen darin alles wohl geordnet, dann sind unsere Verhältnisse geordnet, und unser Herz läuft über vor lauter Liebe und Kontaktfreudigkeit. Ist im S. alles in Unordnung, wissen wir unsere Gefühle nicht zu ordnen, tändeln wir zwischen gut und böse.

Schrauben eindrehen: Haltestifte für eine Verbindung, für einen Partner, an dem uns sehr viel gelegen ist. Finden die S. keinen Halt, ist ein Liebesverhältnis, manchmal auch eine berufliche Bindung, nicht sehr sicher.

Schraubstock: Arbeiten wir am S., sollten wir an dem festhalten, was wir zur Zeit haben oder bekommen können. Sehen wir andere am S. arbeiten, werden wir wohl in eine Klemme geraten, aus der wir uns nur durch Meinungswechsel befreien können.

Schreiben: Deutet daraufhin, dass wir uns an mündliche Verabredungen nicht unbedingt halten sollten, weil sie von anderen und von uns selbst leicht umgestoßen werden könnten.

Schublade: Ist die S. offen, sind wir gegenüber unseren Mitmenschen ein wenig zu vertrauensselig. Ist sie verschlossen, sollten wir in unserem Charakter nachforschen, ob wir uns nicht zu sehr den Meinungen anderer verschließen.

Schuhe: Nach der Psychoanalyse ist mit dem Hineinschlüpfen in die S. ein anderer, sexueller Akt gemeint, der Wunsch, mit einem Menschen liiert zu sein. Viele Träume von S. weisen tatsächlich auf ein kommendes Liebeserlebnis hin. Wenn die S. drücken oder nicht passen, drückt etwas auf die Seele, möchte man in eine andere Haut schlüpfen. In solchem Fall sollte man im Wachleben versuchen, sich mehr anzupassen; denn was wir ersehnen, scheint eine Nummer zu groß (oder zu klein) für uns zu sein. Sitzen die S. bequem, können wir mit uns und unserem Tun sehr zufrieden sein, es wird alles fast von allein laufen. Reparaturbedürftige S. weisen auf eine Charakterschwäche hin, die wir seit langem kennen, gegen die wir nur nicht genügend vorgegangen sind.

Schule: Erinnerung des Unbewussten, die auf Gegenwart oder Zukunft umgesetzt werden kann. Der Traum weist auf die Lebens-S. hin, auf das Arbeitspensum, das uns zugewiesen wird, auf die Prüfungen, die in seelischer Beziehung anstehen. Ein Einsagen in dieser S. ist nicht möglich, Schwänzen erst recht nicht. Wo es doch geschieht, kann es zu einer (seelischen) Katastrophe kommen. In der Traum-S. ist unser Ich zur Leistung aufgerufen.

Schulschwänzen: Seelische Konfliktsituation, ein Sträuben gegen notwendige Veränderungen im Alltagsleben, das unbewusste Übersehen einer prekären Lage, in die man durch eigene Schuld oder durch Nichtstun hineinrasseln kann.

Schuppen sehen: Wir kommen uns jämmerlich vor; denn der S. im Traum ist ein schlecht gebautes Haus (siehe dort). S. von Fischen, die wir sehen, bringen einen unerwarteten Geldeingang. S., die von uns selbst abfallen, sollen uns im Wachleben die Augen öffnen, weil wir sie in der Vergangenheit manchmal gegenüber Menschen verschlossen hatten, die uns wohlgesinnt waren.
Schürze: Eine S. tragen, deutet auf mühselige Arbeit hin, die wir unbedingt erledigen müssen. Sehen Männer im Traum eine Frau die S. tragen, kann sie das zum Schürzenjäger stempeln, auf jeden Fall hängt dann in einer bestehenden Verbindung der Haussegen schief.
Schüsse: Sie versinnbildlichen plötzlich anstehende Entscheidungen, die einer raschen Erledigung bedürfen. Manchmal kann dabei der Schuss nach hinten losgehen. Hören wir einzelne S., kündigt sich ein umwälzendes Ereignis an; ist eine regelrechte Schießerei im Gange, werden wir in eine sehr verzwickte Lage kommen.
Schüssel: Siehe Schale.
Schuster sehen: Er will uns auf eine Charakterschwäche hinweisen, die durchaus zu flicken ist. Sind wir selbst der S., bemühen wir uns im Wachleben, unseren Mitmenschen gegenüber entgegenkommend und freundlich zu sein, freilich zahlen sie uns das oft nicht mit gleicher Münze zurück.
Schwager/Schwägerin: Wenn er (sie) der Mann der eigenen Schwester (die Frau des eigenen Bruders) ist, handelt es sich keinesfalls um den lieben guten Anverwandten, der er vielleicht in Wirklichkeit ist. Im Unbewussten spielt viel die Rivalität mit, dass er (sie) uns die Schwester (den Bruder) genommen hat. Übersetzen können wir den S. im Traum also mit Ärger in der Familie, der durch eigenes Dazutun entsteht. Manchmal kündigt sich mit diesem Traumbild auch ein unangenehmer Besuch an (das braucht nicht gleich der Gerichtsvollzieher zu sein!).
Schwamm sehen: Man muss damit rechnen, dass man irgendwie ausgequetscht wird; das kann durch Worte geschehen, manchmal wird es auch auf Finanzielles hinweisen, auf Verlust des letzten

Cents, den man eigentlich anders anlegen wollte. Wer sich mit einem S. wäscht, wird ein ungutes Gefühl los, das einen vor einem Menschen oder einer Angelegenheit warnte.

Schwangerschaft: Nach Artemidoros kann das bei der Frau Wunscherfüllung bedeuten, natürlich auch ein Wunschkind. Einem Mann, der etwas »gebärt«, bringt das etwas ein, Gut und Geld, sogar vielleicht eine liebende Frau. Die S. weist hier und da auf eine seelische Neu- oder Wiedergeburt hin, die uns Glück im Alltag verschafft.

Schwarz: Die Farbe der Trauer, der Finsternis. Sie ist allgemein negativ zu werten, gilt als Warnung, sein Leben umzustellen.

Schwein: Fast immer ein Glück bringendes Zeichen; man kommt in eine günstige Lebenslage. Das männliche S. (Eber, Keiler) hat dagegen meist die Bedeutung des Stiers (siehe dort).

Schwert: Häufigstes Waffensymbol in Träumen, das die Abwehrbereitschaft der Seele kennzeichnet, das Sich-Wehren gegen innere Schwierigkeiten, manchmal auch wie Degen und Säbel (siehe dort) zu deuten.

Schwester: Siehe unter Geschwister.

Schwimmen: Es kommt darauf an, ob man in klarem oder trübem Wasser schwimmt. Klares Wasser (siehe dort) bedeutet Erfolge durch Eigeninitiative, trübes die Ziellosigkeit, mit der man durchs Leben geht.

Sechs: Diese Zahl drückt das Gleichgewicht der Kräfte aus (die sechs Quadrate eines Würfels!), ebenso den Kampf der guten Anlagen gegen die schlechten, gegen die Versuchungen des Alltags.

See: Siehe Meer.

Segelboot (Segelschiff): Es wird vom Wind, also vom Geistigen getrieben. Wo es im Traum erscheint, sollte man das tatsächliche Geschehen auf seinen geistigen Inhalt prüfen. Sonstige Deutungsweise siehe unter Schiff.

Seide: Weist auf die zarten Gefühle hin, die man gegenüber anderen hegt. Wer S. trägt, kann sich auf einen fröhlichen Hausstand freuen, auf verlässliche Partner oder Freunde.

Seife: Sie droht beim Waschen aus den Händen zu gleiten, das bedeutet übersetzt, die Unmöglichkeit, eine Angelegenheit ins Reine zu bringen, weil wir sie nicht recht erfassen können.
Seifenblasen: Unsere Hoffnungen und Illusionen, die nur zu schnell zerplatzen. Man achte darauf, ob wir selbst oder andere die S. herstellen.
Seil tanzen: Man hat sich etwas vorgenommen, was nicht leicht zu bewältigen sein wird. Fallen wir herunter, sollte man am besten von einem Plan die Finger lassen, der uns in nicht zu lösende Konflikte stürzen könnte. Binden wir ein S. irgendwo an, ist das der Wunsch nach einer festen Bindung. Werden wir von anderen mit einem S. angebunden, kann das auf Hörigkeit in einer bestehenden Verbindung hindeuten.
Sekt: Siehe unter Champagner.
Sense hantieren: Man macht sich um einen nahe stehenden Menschen Kummer, der krank ist. Andere mit der S. arbeiten sehen: Es wird etwas bereinigt, das schon lange anstand, bislang nicht angesprochene Vorbehalte werden ausgeräumt.
Sessel, darin sitzen: Man sollte sich mehr Ruhe und Entspannung gönnen. Sieht man andere in einem S. sitzen, ist bewiesen, dass in unserer Umgebung nicht viel Hilfsbereitschaft vorhanden ist; man sollte sich lieber auf sich selbst verlassen.
Sezieren: Wenn man es selbst oder ein Chirurg ausführt, bedeutet es, dass man einschneidende Veränderungen in seiner Ichwelt vornehmen, üble Angewohnheiten ablegen sollte.
Sichel: Siehe Sense.
Sieb hantieren: Es wird einem manches durch die Lappen gehen, was man sich erhoffte oder dessen man sich schon sicher war. Dieser Eindruck wird noch verstärkt, wenn man im Traum versucht, mit einem S. Wasser oder eine andere Flüssigkeit zu schöpfen. Benutzen andere ein S., kann das unsere Schadenfreude beinhalten, die wir in einem ganz bestimmten Fall hegen.
Sieben: Diese Zahl hat nach uralter Geheimlehre höchste magische Gewalt. Sie symbolisiert die Vollendung einer Arbeit (der

siebte Tag der Schöpfung!). Sie kann auch als Hinweis gelten, seine »sieben Sachen« zusammenzuhalten.

Siegel auf etwas sehen: Man wird vor vollendete Tatsachen gestellt und kann kaum mehr etwas dagegen machen. Selbst versiegeln: Man hat eine Arbeit zu einem glücklichen Abschluss, unter Umständen auch einen Lebensabschnitt hinter sich gebracht.

Singen im Chor: Man findet einen Kreis fröhlicher Menschen, die mit einem harmonisch zusammenleben wollen. S. allein: Nur gut, wenn man musikalisch ist (siehe Lieder).

Sinken: Wer im Traum dieses Gefühl hat, der verliert leicht den Mut. Manchmal möchte er sogar vor Scham in den Boden versinken. Das Unbewusste versucht mit dem S., diese Schwäche bewusst zu machen, damit man gegen sie ankämpfen kann.

Skelett: Symbol des Vergänglichen, vor dem man sich fürchtet. Ein S. taucht in Alpträumen auf und erschreckt den Träumer; meist ist es ein Erschrecken vor sich selbst, vor seinen Fehlern und seinen Launen. Man könnte also das S. mit dem bloßgelegten Ich vergleichen.

Ski fahren und gut einen Hang hinunterkommen: Man macht sich manches bequem, weil man eingesehen hat, dass es auch ohne viel Arbeit vorwärts gehen kann. Beim S. kann man meist feststellen, wie leicht es hinunter und wie schwer es hinauf geht. Man beachte darum weitere Anzeichen in einem solchen Traum.

Smoking: Siehe Abendkleidung.

Sofa: Deutet meist auf Erinnerungen hin, die sich auf die Gegenwart oder Zukunft umsetzen lassen. Mit dem S. aus Urgroßmutters guter Stube taucht vielleicht ein fast vergessener Jugendfreund auf, vielleicht auch ein Gegenstand, den man verloren zu haben glaubt.

Sohn: Siehe Kinder.

Soldat sehen: Man wird an die Disziplin und den Gehorsam gemahnt, falls sich nicht der S. als schießwütiger Tollkopf zeigt, der (aufs Wachleben umgesetzt) alles durcheinander bringt, was bisher in schönster Ordnung war. Unruhe kommt ins Alltagsleben, wenn wir eine ganze Truppe sehen.

Sommersprossen: Kleine Schönheitsfehler; man übersetzt sie am besten mit Gesichtspunkten, Ansichten, die wir uns zu Eigen machen und die uns weiterbringen werden. Nur wer selber S. hat, sollte diesen Traum als Warnung nehmen, nicht Minderwertigkeitskomplexen nachzugeben.

Sonne: Die positive Kraft der Seele, Energiesymbol des Lebens, des Schöpferischen, des Befruchtenden. Wo die S. aufgeht, da ist Erfolg im Beruf oder in der Liebe zu erwarten. Wo sie untergeht, endet meist eine Glücksphase. Ihre leuchtende Kraft erhellt unser Bewusstsein und macht uns für neue und gute Taten bereit. Nur die sengende S. der Wüste kann verbrennen, kündet von Leiden und Tod. Einen schönen Lebensabend soll man erwarten können, wenn man im Traum die S. besonders schön farbenprächtig untergehen sieht.

Sonnenblumen: Pflanzen, die sich nach der Sonne recken. Von daher kommt die hübsche Deutung, man habe großes Vertrauen, vielleicht sei man aber auch hoffnungslos verliebt.

Sonnenfinsternis sehen: Man gerät in eine Zeit, die nicht das Allerbeste für den Träumer verspricht.

Spardose: Wirft man ein Geldstück hinein, sind das übersetzt unsere guten Vorsätze.

Spazieren gehen: Man möchte gemächlich durchs Leben gehen und tut gut daran; denn wer dahinspaziert, nützt seiner Gesundheit. Der Träumer wird vom Unbewussten ausdrücklich daran erinnert, dass jedes Zuviel in der Arbeit und in der Liebe zum eigenen Schaden auslaufen kann.

Speisewagen: Oft die Mahnung, dass man auf seiner Lebensreise zu viel des Guten tut. Wer im S. eine Menge zu sich nimmt, der wird zu einer gesünderen Lebensweise aufgefordert.

Spiegel: Sind kein häufiges Traumbild, jedoch immer von ernster Bedeutung; man sieht sich selbst ins Innere und zieht im Unbewussten für das Bewusstsein seine Schlüsse. Die Ägypter schrieben Träumen von S. Tod oder Unheil zu, weil man im widergespiegelten Bild »außer sich« ist, die Seele in das nicht fassbare Gegenüber geschlüpft ist. Die moderne Tiefenpsychologie sieht es anders: Der in den S. schauende Träumer sieht sich und findet zu sich selbst zurück, indem er wie bei einer Fotografie Retuschen anbringt, die notwendig sind, um sein inneres und äußeres Erscheinungsbild für die Umwelt zum Besseren zu korrigieren.

Spiegelbild eines anderen sehen: Man macht nach Artemidoros eine Bekanntschaft, die zu einem innigen Verhältnis werden kann.

Spinne: Symbol der Verführung, der lauernden Gefahren, der Vernichtung. Wenn die anderen Symbole eines Traumes günstig sind, kann die S. ein richtiges Glückstier sein, das unseren Lebensfaden spinnt und unsere Gedanken auf das Wichtige, das Erfüllbare konzentrieren lässt (die kunstvolle Mitte einer Spinnwebe!). Sieht man eine S. an einem Spinnfaden, hängt das Glück für den Träumer an einem seidenen Faden.

Spinnrad: Die Kraft, die ein Einzelner in seinem Familienkreis ausgibt, manchmal der Hinweis auf ein Ereignis, das nicht allzu lange Zeit in Anspruch nimmt (siehe hierzu auch Kreis und Rad). Wer am S. arbeitet, bei dem spinnt sich etwas an, das ihn stark beschäftigen wird.

Spinnweben: Das auf die Mitte, den Kern gerichtete Denken, auch ein Verhältnis, das man keiner großen Zerreißprobe aussetzen sollte. Wer im Traum eine S. streift, der ist im Wachleben gedankenlos und hält sich mit Kleinigkeiten auf.

Springen: Wer über ein Hindernis hinwegspringt, wird im Wachleben eine wichtige Angelegenheit meistern, die ihn gerade beschäftigt. Nur wer in etwas hineinspringt (ins Wasser oder in eine Grube), der wird in eine Gefahrensituation kommen, aus der er sich nur mühsam befreien kann.

Sprosse einer Leiter: Wenn sie bricht, wird man den Boden unter den Füßen verlieren oder den Halt, den man bei einem geliebten Menschen gefunden zu haben glaubt.

Spucken: Auch wer im Traum jemanden anspuckt, ist kein feiner Mann; er ist jederzeit bereit, mit Beleidigungen und Verleumdungen seine Mitmenschen ins schlechte Licht zu setzen. Ist der Träumer derjenige, der spuckt, sollte er in sich gehen und schleunigst seinen Charakterzug auf ein anderes Geleise bringen, sonst wird er mit herben Verlusten rechnen müssen.

Stadt: Ein Symbol der Mutter in ihrer alles umfassenden, schützenden Macht. In Alpträumen übersetzt man es als die Angst, bisherigen Schutz vor Unbill zu verlieren. In vielen solchen Träumen spiegeln sich die angespannten Nerven des Träumers wider, die zu zerreißen drohen, wenn er nicht rechtzeitig etwas gegen diesen Zustand der inneren Unruhe unternimmt.

Sterben: Siehe Leiche und Tod.

Sterne: Sie erhellen die Nacht des Unbewussten, sie lassen Rückschlüsse auf das Erreichen des nächsten Lebensziels zu. Wer einen klaren Himmel mit S. im Traumbild sieht, dem stehen die S. günstig; er braucht sich um eine erfolgreiche Zukunft nicht zu fürchten. Fallen S. vom Himmel herab, deutet das nach der indischen Traumschrift »Jagaddeva« auf eine Krankheit hin, die bald zum Ausbruch kommen kann.

Sternschnuppen: Siehe Meteore.

Sticken: Eine geruhsame Beschäftigung, die den Nerven wohl tun kann. Wer im Traum stickt, kann damit rechnen, dass er im Alltagsleben mit Arbeiten belastet wird, die nicht allzu sehr die Nerven strapazieren. Wer anderen beim S. zusieht, sollte nicht zu lange zuschauen; er wird eine ermüdende Arbeit finden. In einigen Träumen kann das S. auch mit den Sticheleien übersetzt werden, die »liebe« Mitmenschen für uns parat halten.

Stier: Wo er auftritt, ist von ungebändigter Triebhaftigkeit die Rede. Will er den Träumer auf die Hörner nehmen, ist dessen Vitalität in Gefahr, oder er hat, wenn er vor dem wütenden S. ausreißt, Angst vor dem Verlust seiner Lebenskraft. Wer den S. bezwingt, wird im Leben seinen Mann stehen, zwingt die überschüssige sexuelle Kraft in vernünftige Bahnen des Arbeitslebens. In Frauenträumen

kann der S. umgesetzt werden als ein sexueller Wunsch, als die aufgestauten Gefühle, die man im Liebesleben hegt.
Stolpern: Eine Kleinigkeit in unserem Charakter ist nicht in Ordnung – wir fallen gewissermaßen über unsere eigenen Füße. Das S. kann auch auf einen Irrtum hinweisen, den man im Wachleben nicht zugeben möchte.
Storch: Wer einen S. fliegen sieht, hat hochfliegende Pläne, wie er seine Familie auf einen grünen Zweig bringen könnte. Sehen wir ein Nest mit oder ohne Nachwuchs, deutet das weniger auf Kinderkriegen, als vielmehr auf Kinder überhaupt hin, mit denen wir im Alltagsleben zu tun haben oder zu tun bekommen.
Stottern: Für Nichtstotterer der Hinweis auf ein kleines Unwohlsein des Körpers; meist wacht man nach diesem Traum mit einem Schmerzgefühl auf (etwa mit Kopfschmerzen). Begegnen wir einem Stotterer, macht sich jemand um uns Sorgen, weil unsere Gesundheit nicht ganz in Ordnung ist.
Straße: Ein Weg im Unbewussten. Die S., an der man selber baut, weist einen guten Weg in die fernere Zukunft. Die S., die sich kurvenreich durchs Gebirge zieht, gibt Auskunft über die Schwierigkeiten, die sich uns auf dem Weg nach oben, zum Erfolg entgegenstellen. S., die innere Komplexe freilegen, sind meistens durch einen Wald gelegt; an unserem Lebensweg lauern Gefahren, Räuber, Wegelagerer, wilde Tiere, übersetzt die Menschen, die unserem Fortkommen im Wege stehen und die uns der Traum in vielerlei Gestalt vorgaukelt; man muss sie erkennen, um sich vor ihnen im Tagesbewusstsein schützen zu können. Schlechte Wege und schmale Pfade stehen unserem Erfolgsstreben ebenfalls entgegen.
Strauß: Bindet, sieht oder schenkt man einen S. leuchtender Blumen, kündet das von inniger Liebe (siehe auch Blumen). Der langbeinige Vogel S. kommt nur selten in den Träumen eines Mitteleuropäers vor; wo das doch geschieht, übersetzt sich damit die Volksweisheit, dass man wie der S. den Kopf in den Sand stecken möchte, dass man sich am liebsten nicht mit einer traurigen Nachricht konfrontiert sehen will.

Stroh: Sieht man S. in Garben gebündelt oder in Ballen liegen, deutet das auf eine mühselige Arbeit hin, deren Früchte andere ernten werden (man hat also leeres S. gedroschen!). Liegt man auf dem S., hat man kaum Gewinne zu erwarten, sondern muss sich einschränken.

Strom: Wo der S. durch die Traumlandschaft fließt, wird unser Lebensschifflein in ein neues Fahrwasser getrieben, werden neue Kräfte freigelegt (siehe auch Fluss). Elektrischer S. bedeutet Gefahr, dass man den Anschluss an einen Menschen oder auf dem eigenen Lebensweg verpassen könnte.

Strümpfe: Man bekleidet damit den Fuß. Nach der Psychoanalyse tauchen sie in sexuellen Wunschträumen auf. Nach unserer Meinung sollen sie wie die Schuhe unseren Weg erleichtern. Wer also neue S. trägt, kann seinen Lebensweg ohne Hemmungen fortsetzen. Haben die S. ein Loch, sollten wir es schnell stopfen; es ist gleichbedeutend mit einer Charakterschwäche oder einer Fehlentscheidung, die wir treffen könnten, also eine Warnung aus dem Unbewussten, rechtzeitig falsches Tun zu erkennen.

Stuhl sitzen: Die Erholungspausen, die wir uns bei unserer Arbeit gönnen können, sind nur kurz (die Ruhepause auf einem S. ist halt nicht so bequem wie die in einem Sessel).

Sturm: Wie der Wind geistig zu verstehen. Er reißt uns wirbelnd mit zum Erfolg, der aus der Kraft des Geistes entsteht. Dass es dabei manche Aufregung geben wird, ist nicht von der Hand zu weisen (siehe auch Orkan).

Stürzen: Weist im Traum auf eine Wendung hin, die wir auf unserem Lebensweg machen müssen. Der Sturz hemmt unser Vorwärtskommen, bringt Verluste mit sich (siehe auch Fallen).

Sumpf: Wer in einen S. geht, sollte eben Begonnenes besser abbrechen oder neu überdenken; denn man wird nicht recht weiter kommen. Im S. stecken bleiben deutet auf ein Nicht-mehr-Weiterkönnen hin, auf Ratlosigkeit in einer unüberschaubaren Lage.

Suppe: Ein Kraftpaket für den Träumer, wenn er sie mit Appetit

auslöffelt. Isst er sie nur mit Überwindung, sollte er am besten mal einen Urlaub einlegen, denn er ist durch eigene Schuld nicht mehr recht auf der Höhe. Kocht man seinem Partner ein Süppchen, will man ihn von den eigenen Liebeskünsten überzeugen.
Süßigkeit essen: Man sehnt sich nach Liebe, nach Vereinigung. Wenn sie bitter ist: Irgendetwas stört unsere Liebesbeziehungen.

T

Tafel: Schreibt man auf eine Schul-T. und sehen uns andere dabei zu (häufig in Erinnerungsträumen!), ist man bereit, einen Fehler noch einmal zu machen. Sieht man andere schreiben, sollte man seine Spottlust im Alltagsleben etwas unterdrücken. Wischt man eine T. ab, will man Vergangenes aus seiner Erinnerung wegwischen oder einen begangenen Fehler nicht noch einmal machen.
Tal: Gehen wir durch ein T. hindurch, haben wir eine verhältnismäßig ruhige Wegstrecke auf unserem Lebensweg vor uns; das T. im Traum kündet an, dass es in Zukunft bald wieder aufwärts gehen wird. Nur ein von hohen Bergen umstandenes T., in das kein Sonnenstrahl dringen kann, ist negativ zu werten; es lässt Krankheitskeime oder herbe Verluste vermuten.
Tanz: Übersetzt der Wirbel des Lebens, der Leidenschaft und Begierde, Gefühl und Sexualität beinhalten kann. Oft ist es der T. auf dem Vulkan, der an die Hetze des Alltags erinnert, manchmal das innige Ballerlebnis, das uns ans Ziel unserer sexuellen Wünsche bringen soll. Hier und da ist es aber auch der T. im Nebel, der unsere verschleierten Gefühle versinnbildlicht.
Tapezieren: Wir wünschen einen Tapetenwechsel, eine Veränderung im Beruf oder im privaten Bereich.
Tasche: Zieht man daraus etwas heraus, sollte man sich nach Meinung altägyptischer Traumforscher vor Verschwendung hüten. Der Inhalt einer T. ist im Übrigen sehr wichtig und entsprechend zu deuten (siehe Handtasche).

Taschenlampe: Eine Lichtquelle, die nur trügerisch einzelne Punkte beleuchten und dadurch dem Träumer nur wenig erhellen kann. Sie bringt nur in Kleinigkeiten Licht, lässt uns sonst aber im Unklaren. Brennt die T. nicht, obwohl wir sie anknipsen, werden wir bald um eine Hoffnung ärmer sein.

Tasse: Wie alle Gefäße mit weiblichem Vorzeichen zu sehen. Trinken wir daraus, hoffen wir auf ein intimes Erlebnis. Zerbrechen wir eine T. im Traum, werden wir wohl ein Herz knicken.

Taube: Als erotisches Symbol das Sanfte, Weiche, das sich schnäbelnd Vereinigende. Ihre Zartheit hat aber auch etwas Bedrohliches an sich, etwas zu Schützendes. Fliegende T. sind erfreuliche Botschaften, die uns erreichen. Fangen wir eine T., werden wir uns gegenüber einem nahe Stehenden ins Unrecht setzen; töten wir sie gar, verscherzen wir uns die Freundschaft eines wohlgesinnten Menschen. Der Schlag mit vielen T. beweist unseren gastfreundlichen Hausstand, ein leerer unsere innere Einsamkeit. Das Gurren der T., falls es nicht auf tatsächlich äußere Einflüsse zurückzuführen ist, deutet auf eine gestörte Geisteshaltung hin.

Tauchen ins Meer: Wir suchen im Alltagsleben nach Werten, die uns das Leben verschönern können; nur ein wenig Mut gehört dazu, diese Werte für sich zu sichern. Sehen wir andere beim T., sollten wir in unserem Inneren nachforschen, ob wir nicht jemandem seine Erfolge neiden.

Teer: Wenn wir auf einer frisch geteerten Straße gehen und mit dem Schuh kleben bleiben, lösen wir eine Bindung, die nichts mehr für uns hergibt. Sind wir teerverspritzt, sollten wir uns in Acht nehmen vor Menschen in unserer Umgebung, die unser Fortkommen hemmen wollen.

Telefon: Werden wir angerufen, kann das mit einer Absage oder einer Zusage zu tun haben, die wir im Berufsleben oder im privaten Bereich erhalten. Rufen wir selbst an, sollten wir uns die Nummer merken, die wir wählen (siehe unter den einzelnen Zahlen); oft handelt es sich bei unserem Anruf um einen Aufruf unserer Seele zu erhöhter Wachsamkeit gegenüber schädlichen Umwelteinflüssen.

Telegramm bekommen und den Text nicht entziffern können: Wir stürzen uns in ein undurchsichtiges Abenteuer. Lesen wir den Text genau, können wir daraus weiteres für unsere Deutung entnehmen. Schicken wir ein T. weg, weist das auf überstürztes Handeln hin.

Teller: Leibliche Genüsse stehen bevor. Fehlen im Traum jedoch die Bestecke oder ist der T. leer, wird uns ein Fest oder ein Besuch vergällt. Die Scherben eines zerbrochenen T. hingegen bringen wie das Sprichwort sagt – Glück.

Tempel sehen: Nach ägyptischer Deutung wird man viel Lebensfreude finden (siehe Kirche).

Teppich ausrollen oder hinhängen: Man will »auf dem T.« bleiben, sich nicht verändern, sondern die augenblickliche Lebenslage genießen. Wer einen T. reinigt, sollte eine schwache Stelle in seinem Privatleben finden, damit sie bereinigt werden kann.

Testament machen: Man kann sich auf einen langen Lebensabend gefasst machen, weil man alles zur rechten Zeit bestellt hat. Meist ist das T. der Abschluss eines erfolgreichen Bemühens in unserem Leben.

Teufel: Taucht er in unseren Träumen auf, deckt er schonungslos Charakterschwächen oder schwache Stellen in unserem Seelenleben auf. Sieht man einen T. und spricht mit ihm, sollte man sich vor Menschen hüten, die einem nicht wohl wollen. Werden wir von einem T. angegriffen, handeln wir im Wachleben leicht unbeherrscht und ungalant.

Theater: Übersetzt das Leben, auf der Bühne dargestellt in oft abstrakten und bizarren Formen. Wer dort den Einsatz verpasst, wird auch im Leben zu handeln vergessen. Viele Wunschvorstellungen werden im Traum dargestellt, die im Alltagsleben in Erfüllung gehen. Spielen wir selbst mit, wird unser dortiges Handeln dem Bewusstsein zur Kritik vorgelegt, ob es richtig oder falsch war. Sehen wir als Zuschauer eine Tragödie oder Komödie, spricht unsere Grundeinstellung daraus; denn mancher dramatisiert, was er eigentlich belächeln sollte, und umgekehrt. Schon die altägyptischen Traumforscher behaupteten, dass ein Wunsch in Erfüllung gehe, wenn man ein T. besuche und das dort gespielte Stück auf sich beziehe.

Thermometer: Die Temperatur, die man ablesen kann, deutet auf ein Auf- oder Abklingen in einer Freundschaft oder einer Lebensgemeinschaft hin, ob wir nach etwas fiebern oder es ad acta legen sollten (siehe auch Fieber).

Tiere: Meist ein Gleichnis für unser Tun oder unsere inneren Beweggründe, unsere Triebe, unsere Lüste, unsere Verklemmungen. Das Symbol kennzeichnet den Urtrieb in uns, das Wilde, aber auch das Gezähmte und darüber hinaus das Menschlich-Allzumenschliche. Im Traum kann sich der Mensch instinktsicher in eine eigene Ordnung zurückfinden. T. in einer Herde oder Meute deuten übrigens an, dass der Träumende ein Opfer seiner Triebe werden kann, wenn er sie nicht unter Kontrolle hält.

Tiger: Er schildert das übermächtig Triebhafte in uns, ähnlich dem Stier, aber nicht so blindlings. Wer vom T. träumt, ist vital, ein Triebmensch, der oft übers Ziel hinausschießt. Ist ein T. in einem Käfig eingesperrt oder kämpft man erfolgreich gegen ihn, deutet das an, dass man seiner inneren und äußeren Triebe Herr wird.

Tinte sehen oder damit schreiben: Man sollte sich auf Schriftliches festlegen, weil mündliche Abmachungen falsch ausgelegt werden könnten. Wer T. verschüttet, setzt unbewusst einen großen Punkt hinter eine Abmachung, die zu seinen Gunsten ausschlägt. Der Tintenklecks ist also positiver zu deuten als andere Kleckse.

Tisch: Ein gedeckter T. bedeutete schon für die alten Ägypter, dass sich Gäste einstellen werden, die man gut bewirten sollte; wäre der T. leer, würden sich die Gäste langweilen. Wer einen T. im Traum abräumt, dem steht eine leichte Krankheit ins Haus. Ein weißes Tischtuch legen wir im Traum als Beweis dafür auf, dass wir einen geordneten Hausstand führen oder führen werden. Ein schmutziges Tischtuch besagt das Gegenteil.

Tod: Träume vom T. künden nie das leibliche Sterben an, sie beweisen meist nur, dass in unserer Seele etwas am Leben erhalten werden muss, das sonst absterben würde. Sie sind die Hilfestellung des Unbewussten, den Lebensweg zu ändern, der Gefahr auszuweichen, die sich vor einem aufbaut. Wenn wir vom T. eines nahe stehenden Menschen träumen, bedeutet das nach C. G. Jung die Ablösung aus einer Verschmelzung mit ihm. Verstorbene noch einmal sterben zu sehen, lässt darauf schließen, dass sie auch heute noch untrennbar mit einem verbunden sind, dass man ihnen im Leben nacheifern möchte, ihrem unbewussten Rat folgt und es so zu etwas bringt. Der T. kann auch Abschluss einer Lebensphase sein. Sterben wir selbst im Traum, ist das eine Art Reinigungsprozess unserer Seele, die Wiedergeburt des besseren Ichs, das sich zum Guten wandeln muss, um den Lebenskampf zu bestehen.

Todesnachricht: Das Unterbewusstsein will uns auf etwas hinweisen, oft auf den, von dem die Nachricht handelt. Sie kann, wenn sie von einem längst Verstorbenen berichtet, eine Hilfestellung bedeuten, die uns unbewusst von dem Toten zuteil wird. Das kann ein guter Ratschlag sein, den er uns, als er noch lebte, bestimmt gegeben hätte und der uns jetzt in den Traum übersetzt offenbart wird. Die T. ist also im Grunde genommen ein heilsames Erschrecken.

Todesurteil: Wird es gegen uns ausgesprochen, müssen wir unsere Lebenseinstellung ändern. Ergeht es gegen uns nahe Stehende, müssen wir unsere Haltung gegenüber diesen Menschen überdenken und ins Positive verkehren.

Toilette: Von einem Abort träumen, hat nichts Unanständiges an sich; man will sich entlasten, etwas abstreifen, was einen bedrückt. Der Traum, man befinde sich in einer T., schafft also Ordnung in unserem Seelenhaushalt. Leider verdrängt der Träumer T.-Träume gern aus seinem Bewusstsein, so dass die Schlüsse, die man daraus auf den Gesamtzustand des Träumers ziehen könnte, verloren gehen (siehe auch Darmentleerung sowie Verstopfung).

Tomaten: Sind auch auf den Traum bezogen Liebesäpfel. Isst man sie, weist das auf ein Verhältnis hin, das für uns folgenschwer sein wird.

Töpfer: Er bringt eine andere Form in unser Leben. Sind wir selbst der T., müssen wir aus eigener Kraft versuchen, eine bessere Lebensform zu erreichen.

Tor: Siehe Türen.

Tornister: Siehe Rucksack (jedoch kämpferischer zu deuten).

Tragbahre: Liegt man selbst darauf, braucht man Hilfe – das kann im Beruf oder in den zwischenmenschlichen Beziehungen sein; jedenfalls wird man etwas Anstehendes ohne fremde Hilfe kaum schaffen. Liegt ein anderer auf der T., sollten wir einem nahe stehenden Menschen helfen, über etwas hinwegzukommen, das ihn bedrückt.

Trauringe: Siehe unter Ring, jedoch spielt hier noch hinein, dass man sich des Partners nie hundertprozentig sicher sein sollte, die Angst also, ihn zu verlieren. Damit setzt das Unbewusste ein Warnsignal: Man muss sich immer wieder neu um den Ehepartner bemühen, um ihn so unverlierbar an sich binden zu können.

Treppen: Verbinden als Symbol die verschiedenen Etagen unserer Persönlichkeit. Wenn eine Stufe oder ein Teil des Geländers fehlt, gibt das eine innere Unsicherheit an, die es zu beseitigen gilt. Wendeltreppen lassen erkennen, wie schwer es ist, im Leben nach oben zu kommen. Freud deutete übrigens das Treppensteigen noch als geschlechtliche Vereinigung, wir aber schließen uns der Ansicht an, dass es das Streben nach einer höheren Bewusstseinsstufe ist, das Höherwollen in geistiger, materieller und sozialer Hinsicht.

Trinken von klarem Wasser: Umschreibt einen Gewinn, nach dem man dürstete. Scharfe alkoholische Getränke nimmt unser Unterbewusstsein als Rauschgifte hin, die dem Körper schaden können (das ist selbst bei Trinkern der Fall!). T. wir mit jemandem aus demselben Becher, müssen wir den Gewinn teilen; ist der Mittrinkende ein unsympathischer Mensch, droht uns von Verleumdern Gefahr. Wird aus einer glasklaren Quelle getrunken, wird uns Glück und Gesundheit versprochen oder baldige Genesung, wenn wir krank sind.

Trommeln: Sie hämmern durch unseren Schlaf, sie sind Teile von Angstträumen, nach denen wir völlig zerschlagen aufwachen. Wenn man den Grund angeben soll, weshalb wir uns vor diesen T. fürchteten, werden wir es nicht erklären können; es war nun mal so. Nur wenigen gibt der Klang eine wichtige Nachricht ins Bewusste mit, den meisten kostet er ganz einfach Nerven.

Trompete: Die fordernde männliche Sexualkraft. Seltsamerweise ist ihr Klang im Traum oft nicht zu hören, was dann auf die Heimlichkeit in einer Liebesbeziehung schließen lässt.

Truppen: Siehe Soldaten.

Tuch: Es bedeckt uns als Kleidung. Dieses Bedeckende, Zudeckende lässt Heimlichkeiten erahnen, das Zum-Ziel-Kommen ohne viele Worte. Man sollte immer auch die Farbe zu Rate ziehen.

Türen: Als Haussymbol können sie Öffnungen im Körper bezeichnen, aber auch Ausblicke und Möglichkeiten, aus einer mehr oder weniger prekären Lage herauszukommen, je nachdem diese T. offen oder geschlossen sind. Ägyptische Traumforscher sahen in einer offen stehenden T. das Zeichen, dass bald willkommener Besuch erwartet werden könnte.

Türschloss: Es lässt für die Zukunft hoffen, wenn es sich im Traum öffnen lässt, vor allem im intimen Bereich. Wird es von dem Träumenden selbst gewaltsam geöffnet, wirft das auf seinen Charakter nicht unbedingt das beste Licht, denn seine Rücksichtslosigkeit wird ihm nicht allzu viele Freunde machen. Schließt man das T., wird man um eine Aussicht ärmer, die sich einem für die Zukunft eröffnen könnte. Bekommen wir das T. im Traum trotz heftiger Versuche nicht auf, sollten wir versuchen, in der augenblicklichen Lebensstellung das Beste herauszuholen.

Tulpen in voller Blüte künden von der guten Form unseres Ehe-

lebens, von Freundschaften, die sich noch mehr im guten Sinne entfalten können. Sind die T. verblüht oder welken sie dahin, sind auch unsere schönsten Gefühle im Verwelken begriffen.
Tunnel: Wer in einen T. hineinfährt, ist erschreckt von der plötzlichen Dunkelheit, die ihn umgibt – er wird vorübergehend eine Schwächeperiode durchmachen, die sich aber bald schon in Wohlgefallen auflösen wird.
Turm: Himmelstürmende Pläne gehen in Erfüllung für den, der von der Spitze hinunterschaut. Doch auch hier setzt das Unbewusste ein Warnzeichen: Wer hoch gestiegen ist, wird um so tiefer fallen, wenn ihn der böse Nachbar hinterrücks schubst. Ein Sturz von der Höhe eines T. kündet von der Gefahr, eine Prüfung nicht zu bestehen oder ganz einfach in verantwortungsvoller Tätigkeit im Beruf zu versagen.

U

Überfall erleiden: Es sind meist unsere Nerven, die Schaden erlitten haben. Oft haben wir den Stress im Alltag nicht verkraften können und sind auf dem besten Wege, durchzudrehen.
Überschwemmung deutet Gefahr an, dass man von falschen Gefühlen überwältigt wird, dass der Charakter Bocksprünge macht.
Ufer: Im Traum ist es das rettende U., an dem man sich von Strapazen ausruhen und mit frohen Menschen zusammentreffen kann.
Uhr: Oft mit der Angst übersetzt, dass das Leben zu schnell vergehen könnte. Man achte auf die Zeiger, welche Tageszeit sie anzeigen, um Genaueres zu erfahren. Ist es kurz vor zwölf, kündigt das Unbewusste zum Beispiel an, dass eine Angelegenheit, die vielleicht gerade ansteht, schleunigst erledigt werden muss.
Umarmung: Freud deutete sie als Willen zur geschlechtlichen Vereinigung. Wir sollten darauf achten, wen wir umarmen; ist es jemand, den wir lieben oder von dem der weitere Traumverlauf als

einem liebenswerten Menschen berichtet, dürfen wir uns auf Glück in der Liebe gefasst machen. Ist es aber ein Unbekannter oder ein Mensch, den wir nicht sehr sympathisch finden, sollten wir um falsche Leute in unserer Umwelt einen Bogen machen.

Umdrehen: Meist sitzt uns da jemand im Nacken, der uns übel mitspielen will – eine Mahnung des Unbewussten, stets den Blick geradeaus auf das Ziel zu richten.

Umweg machen: Man sollte sich nach Meinung der alten Ägypter vor schlechten Beratern hüten. Der U. symbolisiert außerdem die Abweichung vom Lebensweg, die uns Zeit kostet, Lebenszeit! Und die darf man nicht vergeuden.

Umzug: Sehen wir einen U., oder machen wir ihn selber mit, fühlen wir uns in unserem jetzigen Wirkungskreis nicht mehr recht wohl. Wir sollten überlegen, wie wir das am besten ändern können.

Uneheliches Kind: Wer davon träumt, fühlt sich meist verpflichtet, möchte aus seiner Haut heraus. Er weiß, dass er handeln muss, um das zu erfüllen, was man von ihm erwartet.

Ungeheuer: Es deutet auf überspitzte Lustgefühle hin, auf das Unbezähmbare sexueller Triebe, aber auch auf einen seelischen Zustand, auf die Aufspeicherung psychischer Energie. Wer mit einem U. kämpft, ist mit seinen Gefühlen im Widerstreit oder kämpft gegen einen Krankheitszustand an, der Heilung verspricht, wenn das U. unterliegt oder urplötzlich aus dem Traumbild verschwindet. Fürchtet man sich vor dem U., hat man nichts Gutes zu erwarten (siehe auch Drache sowie Krokodil).

Ungeziefer: Weist auf Leichtsinn in Glücksspielen hin, auf Geld, das schnell gewonnen und ebenso schnell wieder verloren wird. In Beziehung zu anderen Traumsymbolen kann es für falsche Menschen stehen, die uns in ihr intrigantes Spiel einbeziehen wollen.

Uniform: Wenn sie schlecht sitzt, hat man meist Angst davor, sich gehen zu lassen. Sitzt sie gut, ist das Beweis für das übersteigerte Selbstbewusstsein des Träumers.

Unkraut: Siehe Ungeziefer.
Unsichtbarwerden: Wer sich im Traum unsichtbar macht, der entgeht nach altägyptischer Deutung übler Nachrede.
Unterhose: Die Angst in Männerträumen, sich gegenüber der Gesellschaft nicht vornehm genug geben zu können, sich vielleicht sogar lächerlich zu machen.
Unterrock: Wie Unterhose, nur auf Frauenträume bezogen.
Urkunde: Man erhält schwarz auf weiß, dass man gefördert wird; das kann durch Geldzuwendungen oder durch Lob und Beförderung sein.
Urne: Wir werden traurig Stimmendes erleben, jedoch keinen Trauerfall.

V

Vampir: Das Ungeheuer (siehe dort) in unseren Träumen, das uns bis aufs Blut aussaugen will. Wer den V. im Traum sieht, lässt sich im Alltagsleben ausnutzen, ohne es recht zu merken.
Vase: Ein Gefäß, in das man Blumen (übersetzt seine besten Gefühle) stellt, daher meist in Verbindung mit sexuellen Wünschen gesehen. Ist die V. leer, findet man keine Gegenliebe, stellen wir Blumen hinein, wird sich ein bisher loses Verhältnis festigen. Sehen wir eine mit Blumen gefüllte V. vor uns stehen, bedeutet das ein gesundes Intimleben, das durch Einflüsse von außen nicht zu beeinträchtigen ist. Wenn dagegen die V. zerbricht, trennt man sich von jemandem, den man zu lieben glaubte.
Vater: Vertreter des Rationalen, Funktion des tätigen Bewusstseins und des Willens. Er ist meistens der Vermittler der an den Verstand gebundenen Lebensinhalte, aber auch Element des Traditionellen. Hat oder hatte der Träumer ein gutes Verhältnis zu seinem V., baut dieser durch das Unbewusste Konflikte ab, führt uns gewissermaßen an seiner Hand sicher auf den richtigen Weg. Bei Töchtern ist er übersetzt oft der erste Geliebte, bei Frauen

auch der Gatte oder in schlecht verlaufenden Ehen die Sehnsucht nach einem neuen Lebenspartner. Bei Söhnen ist er mehr die Autoritätsfigur, das Vorbild, aber auch der Rivale, der Gatte der geliebten Mutter, was Freud auf den Ödipuskomplex schließen ließ (Ödipus hatte bekanntlich seinen Vater getötet und seine Mutter geheiratet). Wer vom verstorbenen V. träumt, mit dem er zu Lebzeiten ein Vertrauensverhältnis hatte, erhält Rat und Hilfe in einer verzwickten Lage. Wer selbst im Traum V. wird, hat im Alltagsleben eine zündende Idee, für die es lohnt, sich einzusetzen.

Veilchen: Künden von Zurückhaltung und Bescheidenheit, von Liebe, die im Verborgenen blüht (siehe auch Blumen).

Verfolgung: Wer von einem Menschen des anderen Geschlechts verfolgt wird, sollte seine Angst im erotischen Sinne verlieren, weil er sonst ein rechter Einzelgänger wird. Die alten Ägypter behaupteten, wer im Traum verfolgt werde, dem würde Böses nachgeredet.

Verhaftung: Wer verhaftet wird oder sieht, dass ein anderer verhaftet wird, sollte sich bemühen, nicht über Mitmenschen zu lästern; denn am Ende fällt auf ihn zurück, was er anderen zudachte.

Verirren: Finden sich Träumer in einem Wald oder unübersehbaren Gelände nicht zurecht, liegt ein Schatten über ihrer Zukunft; sie wissen nicht recht, was sie mit ihrem Können anfangen sollen.

Verkleidung: Siehe Fasching.

Versammlung: Wer sich reden hört, sollte im Alltagsleben nicht zu viele Worte machen, weil man ihn sonst als Schwätzer einschätzen könnte, auf jeden Fall als einen nicht sehr vertrauenswürdigen Menschen.

Verstopfung: Ein seelischer Stillstand, eine psychische Selbstvergiftung, das Beharren auf dem Schuldgefühl, dem Komplex, dem Liebeskummer. Bei Freud als Geiz, das Nicht-hergeben-Können gedeutet. In alten Traumbüchern sind Darminhalte mit Geld und Herrschsucht gleichgesetzt, die V. ist demnach die Angst, Geld oder eine Machtposition zu verlieren, eine Deutung, die der

Freuds sehr nahe kommt (siehe auch unter Kot, Darmentleerung, Toilette).

Verstorbene sehen: Man bekommt einen Rat, der im Alltagsleben hilfreich ist. Oft kündet ein solcher Traum auch Heilung von einer Krankheit oder Rettung von einer Gefahr an.

Verwundung: Siehe Schmerzen, Wunden.

Vier: Diese Zahl hat fast immer eine positive Bedeutung; guter Halt, Stabilität, Macht, Erhaltung des bereits Erworbenen (siehe auch Quadrat).

Violett: Die Vereinigung von blauer und roter Seelenhaltung, die Farbe der Einkehr.

Visitenkarte: Wird einem eine V. im Traum überreicht, deutet das auf einen heimlichen Verehrer im Alltagsleben hin, der sich in der kommenden Zeit zu erkennen geben mag.

Vögel: Sie sind Luftwesen, also durchaus geistig-seelisch zu deuten, den Gedanken zugeordnet, die unseren Alltag bewegen. Flattern V. zum Beispiel hilflos in einem Raume oder in einem Käfig herum, ist das übersetzt der seelische Zustand, aus dem man einen Ausweg sucht wie das Tier aus seinem Gefängnis. Fliegen V. frei und ungehindert durch unsere Traumlandschaft, lässt das auf die Freiheit unserer Gedanken schließen.

Vogelkäfig: Das Gefängnis des Vogels, übersetzt unsere innere Unfreiheit, der seelisch bedingte Minderwertigkeitskomplex.

Vogelnest sehen: Hinweis auf das häusliche Glück, auf ein gutes Familienleben, in dem wir uns frei entfalten können. Wird es zerstört, hängt bei dem Träumer der Haussegen schief.

Vogelscheuche: Der Mensch, der sich in unser Leben eindrängen will und hier Unordnung schaffen kann. Auch ein Schreckgespenst der Seele, um uns vor übel wollenden Mitmenschen zu warnen.

Vulkan: Der Feuer speiende Berg weist auf Charakterzüge hin, die wir verlieren sollten; auf rasende Eifersucht, auf Jähzorn.

Waage sehen, deren Waagschalen ausgependelt sind: Man wird sich gerecht verhalten und überlegt handeln. Ist eine Waagschale unten, sollte man aus anderen Traumsymbolen deuten, ob sie sich zu unserem Glück oder zu unserem Unglück senkte.
Waben: Honiggefüllte W. lassen auf ein Leben in Liebe und auch in Wohlstand schließen.
Wangen: Zeigen, wenn sie rot und rund sind, volle Kassen an, wenn sie bleich oder hohl sind, finanzielle Schwierigkeiten. Wer sich die W. im Traum schminkt, hat etwas zu verbergen.
Waffen: Sind oft Sexsymbole. Mit ihnen will man etwas von sich weisen, das die psychische Abwehrbereitschaft beeinträchtigen könnte (siehe auch Degen, Schwert, Pistole).
Wagen: Siehe unter Automobil. Lasten befördernde W. lassen auf erfolgreiche und Gewinn bringende Tätigkeiten schließen, wenn sie leer sind, auf Verluste und vergebliche Arbeitsmühe. Wer vom W. etwas verliert, dessen finanzielle Möglichkeiten werden bald erschöpft oder doch zumindest sehr viel geringer einzuschätzen sein. Ein Möbel-W. hängt mit einer Standortveränderung unseres Ichs zusammen, mit einer Charakterumstellung, die uns im Allgemeinen zu unseren Gunsten verändert (siehe Umzug).
Wald: Für junge Menschen der Weg durch das Dickicht des Lebens, der zum Erfolg führen kann, wenn sich nicht reißende Ungeheuer oder wilde Tiere entgegenstellen, die das Weiterkommen hindern. Für Ältere ist der Weg durch den W. ein Suchen nach Erfüllung, nach verlorenen Werten.
Waldhorn spielen oder sehen: Liebessehnsucht nach dem Menschen, dessen Lockungen man nicht standhalten kann, obwohl man es eigentlich sollte.
Walzer tanzen: Man sieht den Himmel voller Geigen, aber möglicherweise tritt man beim Dahinschweben jemandem auf die

Füße. Andere W. tanzen sehen: Man fühlt sich nicht sehr wohl in seiner Haut, weil man andere für glücklicher hält.

Warenhaus: Wer in einem W. herumgeht und nach einem bestimmten Artikel sucht, weiß nicht recht, was er tun soll, und die Unschlüssigkeit wird von anderen weidlich ausgenutzt. Mitmenschen im W. kaufen sehen: Man neidet jemandem seine Entschlusskraft, die nicht unsere Stärke ist.

Warzen: An sich oder an seinen Mitmenschen sichtbare W. deuten auf Schwächen im Charakter hin. Die eigene Schwäche kann man regulieren, bei den Charakterauswüchsen der geträumten Mitmenschen sollte man im Wachleben feststellen, um wen es sich handelte.

Waschen: Wäscht man sich selbst, muss man sich im Wachleben von irgendetwas rein waschen.

Wäschewaschen: Nach Artemidoros beweist dieses Traumbild, dass man irgendwelche Missliebigkeiten abschütteln möchte (man wäscht ja stets nur schmutzige Wäsche!).

Wasser: Das Symbol des Unbewussten ist Lebensspender und Lebenserhalter, es reinigt, was uns beschmutzte. Wenn das W. ruht oder strömt, ist die Traumauflösung stets positiv. Sobald es seine Grenzen überschreitet, überschwemmt oder überflutet, ist Gefahr angezeigt, die aus unseren Traumsymbolen zu deuten ist. Klares W. weist auf Glück, trübes W. auf Unglück im Leben hin.

Wasserfall: Das schnell strömende Wasser lässt Erfolge erhoffen, ein schnelles Entwickeln guter Anlagen.

Webstuhl: Übersetzt die mit Arbeit ausgefüllte Zeit, die langsam vorwärtsschreitet und daher auch erst spät Erfolge nach sich zieht. Wege: Siehe Straßen.

Wegweiser: Zeigen den Weg an, den die Seele zu gehen rät; sie können manchmal trügerisch in die Irre führen. Man beachte das, was sie als Ziel angeben. Können wir es nicht lesen, sind wir wahrscheinlich auf einem falschen Weg in einer gerade anstehenden Angelegenheit.

Wein trinken bedeutet eine Begegnung mit geistig-seelischem Inhalt; man wird ein Wunder erleben, vielleicht das Wunder der Liebe. Wer davon berauscht ist, kann sich finanziellen Zuwachs ausrechnen. Wer W. verschüttet, wird Pech haben; er wird die Zeche bezahlen müssen, ohne etwas davon gehabt zu haben.
Weinen: Bedeutet Freude im Alltag. Nur wenn man im Traum grundlos weint, lässt das auf Kummer und Sorge schließen. Wer übrigens um einen Toten weint, wird genesen, falls er krank ist.
Weintrauben: Sind sie süß, hat man zärtliche Stunden zu erwarten; sind sie sauer, kocht in uns die Eifersucht.
Weiß: Ist im eigentlichen Sinne farblos, da es sich in die Spektralfarben auflöst. Es bedeutet Reinheit, aber auch Enthaltsamkeit, Gefühlskälte, Unfruchtbarkeit.
Weltuntergang: Kennzeichnet unsere Weltuntergangsstimmung, unsere Angst vor dem Leben, das zu viel verlangen könnte.
Wespen: Sie beunruhigen durch ihr summendes Fluggeräusch, durch ihre tigerhafte, schwarz-gelbe Farbe. Unser Nervenkostüm ist nicht gerade übermäßig stark, in ihm nistet die Angst vor dem Alltag und seinen Anforderungen. Manchmal können W. auch personifiziert werden als die lästigen Schmarotzer, die unseren Lebensweg kreuzen.
Wetterleuchten: Kündet im Traum ein trübes Wetter an, nämlich Missstimmung und Misshelligkeiten im privaten Bereich.
Widder: Symbol der schöpferischen Naturkräfte, das in unseren Träumen nur selten in Erscheinung tritt. Werden wir von ihm angegriffen, leiden wir unter einem Menschen, der immer wieder versucht, uns unter seine Knute zu bringen.
Wiege sehen: Frohe Stimmung in Sicht. Liegt in der W. ein Baby, bringt uns ein fröhliches Ereignis großen Gewinn.
Wiese sehen oder über eine blühende gehen: Das Leben erscheint uns von der heitersten Seite. Die altägyptischen Traumforscher behaupteten, dass ein Mensch, der im Traum über eine W. gehe, stets den kürzesten Weg nehmen würde, den zum Erfolg.
Wildschwein: Siehe unter Schwein. Wer von einem W. im Traum

angegriffen wird, sollte sich vor einem rücksichtslosen Menschen in seiner nächsten Umgebung vorsehen.

Wind: Er treibt unser Lebensschiff an, ist der geistige Motor, der uns zum Handeln bewegt, der Energien freisetzt, ein gestecktes Ziel anzuvisieren und bald zu erreichen; das ist um so eher der Fall, wenn es sich um Rückenwind handelt.

Windeln, die ein Baby voll machte, bringen Glück. Überhaupt haben Kinderwindeln eine gute Bedeutung, wenn auch sie zu waschen oder zusammenzulegen auf ein etwas mühsames Unterfangen hinweist, auf des Tages Arbeit, der freilich ein fröhlicher Feierabend folgt.

Winter: Die Jahreszeit, die auf unseren Lebensabend hinweist. Wenn er im Traum als besonders hart geschildert wird, fühlen wir uns einsam, weil die Liebe erkaltet ist; wir müssten in diesem Falle unseren Seelenhaushalt völlig umstellen, um durch neue Kontakte eine Änderung des aus dem Traumbild hervorgehenden Zustands zu bewirken. W. im Traum heißt manchmal abzuwarten, auf bessere Tage zu hoffen.

Wintersport: Das ruhige Gleiten auf verschneiten Hängen ist als positiv verlaufender Lebensweg zu deuten, auf dem sich allerdings Hindernisse auftürmen können, Bruchstellen, die ein Seelenarzt flicken müsste.

Wirt, Wirtin: Gesunde, nährende Kräfte, die uns aber auch zu Völlerei und schlechtem Lebenswandel verführen können.

Witwe, Witwer: Sehen wir uns selbst so, hat das nichts mit dem Verlust unseres Lebensgefährten zu tun, sondern mit neuen freudvollen Eindrücken, die uns das Leben beschert. Begegnen wir im Traum einem Verwitweten, haben wir viel Glück in der Familie, die zusammengehalten wird und eine Kampfgemeinschaft bildet.

Wohnung: Wer eine neue W. bezieht, kann mit einer erfreulichen Veränderung seiner Lebensverhältnisse rechnen.

Wolf: Deutet auf das nicht Bezähmbare in uns hin, auf das zweite Ich, mit dem wir im ständigen Kampf liegen, den Spannungszustand der Seele. Träume von W. sollten uns veranlassen, mit uns selbst ins Reine zu kommen. Personifiziert könnte der W. ein Mann sein, der uns nur nützt, wenn wir ihn uns nicht zum Feinde machen. Nach Artemidoros stellt man uns nach, wenn wir W. im Traum sehen; der griechische Traumforscher wiegelte sofort wieder ab: Man könne diese Gefahr leicht erkennen und sich darum vor ihr schützen.

Wolken verhängen den Erfolgshimmel. Vor allem dunkle Gewitter-W. lassen Rückschläge erwarten, die Existenzen zerstören können. Schäfchen-W. versprechen dagegen viel Freude.

Wolle: Wer ein Kleidungsstück aus W. fertigt, kann sich auf einen Gewinn freuen, der ihm durch die eigene Arbeit zuteil wird. W. wärmt, sie fördert die Durchblutung, und von daher ist die Deutung zu verstehen, W. versinnbildliche die Herzenswärme, die auf den Träumer im Alltagsleben einströmen werde.

Wunden: Sie schmerzen nicht, sondern sind ein Gleichnis, dass unser Seelenhaushalt in Unordnung geriet, dass wir selbst unseren Lebensrhythmus verändern müssten, um die seelische Misere zu überwinden (siehe auch unter Blut).

Würfel: Entspricht in etwa dem Quadrat in noch dynamischerer Beziehung. Er hat auch mit dem Spiel zu tun, mit der Unsicherheit, wie der W. fällt. Es ist in diesem Fall wichtig, welche Zahl geworfen wurde (siehe unter der betreffenden Zahl).

Würmer: Ähnliche Deutung wie Käfer.

Wurzel: Wer eine W. ausgräbt, will im Alltagsleben einer Sache auf den Grund gehen. Bleibt sie hartnäckig im Boden stecken, werden wir die Angelegenheit nicht ergründen können. Was uns neugierig machte, bleibt also im Ungewissen.

Wüste: Symbol der Einsamkeit, die uns trotz aller Kontakte zu unserer Umwelt innerlich quält. Oft auch der Hinweis darauf, dass man ein Ziel nur nach unsäglichen Entbehrungen oder Kraftanstrengungen erreichen kann (siehe auch Oase).

X

X: Sieht man im Traum diesen Buchstaben, will uns jemand ein X für ein U vormachen, uns von etwas überzeugen, das den Realitäten widerspricht.

Y

Y: Der Buchstabe ist Symbol der Vereinigung des Männlichen und des Weiblichen in der Seele, das eine Last leichter werden lässt. Ein ypsilonförmiges Stück Holz, unter einen Rucksack gelegt, bedeutet zum Beispiel, dass eine bestimmte Bürde, die uns das Leben auferlegt, leicht zu tragen ist oder sogar von uns genommen wird. Ypsilonförmig ist auch die Wünschelrute, so dass man den Buchstaben manchmal mit einem Finden neuer Möglichkeiten übersetzen sollte.

Z

Zahlen in Träumen sind schwer zu deuten. Sie weisen wohl in kaum einem Fall auf Glückszahlen für Lotto oder Lotterie hin. Aber die Zahlensymbolik ist so alt, wie die Menschheit denken kann (mehr darüber siehe unter den Zahlenbegriffen eins bis dreizehn).

Zähne: Träume von Z. sind eindeutig sexuell. Zahnverlust deutet auf Energieverlust hin, in besonderen Fällen ist die Potenz gefährdet; Zahnweh hat dieselbe Bedeutung, wenn auch etwas abgeschwächt. Beißgelüste lassen darauf schließen, dass man den anderen vor Liebe auffressen möchte. Verlieren junge Mädchen im Traum Z., bedeutet das den Verlust der Jungfernschaft oder Liebeshemmungen, die man überwinden möchte. Z., die im Traum

ausfallen, können auch auf Schuldgefühle in der Liebe hinweisen. Dieser modernen Auffassung widerspricht das, was altägyptische Traumforscher darüber sagten: Unglück stellt sich ein.
Zahnschmerzen: Manchmal nichts anderes als Liebeskummer.
Zange: Wer damit hantiert, möchte einen Gegnerin die Z. nehmen.
Zapfenstreich: Wer diese militärische Veranstaltung im Traum erlebt, hat im Alltagsleben etwas abgeschlossen, das ihn zum Feiern veranlassen könnte. Zumindest steht er kurz vor diesem Abschluss, vor dem Bestehen einer Prüfung, einem guten Geschäft oder preisgünstigen Einkauf.
Zauberer: Versuchen uns zu unterhalten, uns das Lachen wiederzugeben, das wir verlernt zu haben scheinen. Sie erinnern uns an den Zauber der schönen Stunden unseres Lebens, die sich irgendwann einmal wiederholen werden. Spielen wir selbst den Z., sollten wir uns nicht über eine augenblickliche Lage hinwegtäuschen wollen.
Zaun: Das Hindernis, das sich am Wege aufbaut. Überklettern wir es, werden wir im Leben ein Hindernis auf dem Weg zum Erfolg beiseite räumen. Bleiben wir daran hängen oder zerreißen uns die Kleidung, müssen wir in nächster Zeit vorsichtig taktieren, um nicht im Leben hängen zu bleiben, das heißt, einen Misserfolg zu erleiden.
Zehn: Diese Zahl scheint mit der Eins und der dahinter stehenden Null Einsamkeit anzudeuten. Sie hat aber auch mit Besitz und Aufstieg zu tun, die man nur durch eigene Kraft erreichen kann.
Zeichnen: Wir sollten das, was wir darstellen, erkennen, um daraus unsere weiteren Schlüsse ziehen zu können. Ist das Gezeichnete zu undeutlich, müssen wir überlegen, ob wir nicht eine Sache im Alltagsleben falsch angepackt haben, die wir schleunigst bereinigen sollten.
Zeiger: Siehe Uhr.
Zeitung lesen und den Text klar erkennen: Wichtige Informatio-

nen werden uns im Privatleben zuteil. Aus dem Text lassen sich möglicherweise noch weitere Symbole deuten. Wer den Text nicht lesen kann, hat es mit Fehlinformationen zu tun.

Zeppeline: Über unserem Kopf schwebende Z. lassen etwas Bedrückendes aus dem Alltag erahnen. Reisen wir in einem Z., sind wir auf dem besten Wege, mit Hilfe eines alten Gönners oder Freundes ein Ziel sicher anzusteuern.

Zerbrechen: Glas z. bedeutet, dass wir uns in nächster Zeit ein wenig in Acht nehmen müssen. Z. wir Porzellan, sieht die Sache günstig aus.

Zettel: Wenn wir das Selbstgeschriebene nicht lesen können, beweist das unsere Vergesslichkeit gegenüber einem nahe Stehenden (siehe auch Notizen).

Ziegen: Sie meckern in unseren Träumen. Wo sie auftauchen, haben wir es im Wachleben mit jemandem zu tun, dem man nichts recht machen kann, dessen Kritik allerdings teilweise berechtigt ist. Springen Z. lustig durch unser Traumbild, packt uns der Übermut oder der Leichtsinn.

Ziegelsteine: Mit ihnen wird ein Haus gebaut, ein Dach gedeckt. Sie sind übersetzt die Aufbausteine unseres Körpers. Wer mit ihnen baut, sorgt im Wachleben für das eigene Wohlergehen, das kann eine neue Existenz sein, in der man noch einmal von vorne beginnt.

Zimmer: Wer von einem Z. in ein anderes geht, dessen Standpunkt verändert sich. Meist ist das auf einen Wechsel in den psychischen Anlagen zurückzuführen. Von einem dunklen Z. in ein helles gehen: Von einem unbewussten Zustand in einen bewussten gelangen; die Lehren, die der Traum gibt, sollten auf das Wachsein übertragen werden. Sieht das Z. genauso aus, wie es in Wirklichkeit ist, werden wir nicht mehr lange in der Umgebung bleiben, in der wir zur Zeit leben.

Zirkel: Sie zeichnen Kreise, und deshalb ist es am nahe liegendsten zu deuten, dass man in einer bestimmten Angelegenheit im Kreise laufen wird, wenn man im Traum damit arbeitet.

Zirkus besuchen: Man bewundert die Talente anderer und möchte sie sich zum Vorbild nehmen. Selbst im Z. auftreten: Man will im Alltagsleben seine Talente beweisen (siehe auch unter Clown, Zauberer oder unter einzelnen Tiernamen).

Zitronen auspressen: Man wird ausgenutzt, und das macht einen sauer.

Zöpfe: Wer im Traum Z. flechtet oder sieht, der hängt alten Z. nach, der wehrt sich gegen den Fortschritt, ohne ihn freilich aufhalten zu können.

Zuchthaus: Wer darin eingesperrt ist, beginnt ein neues Leben; es müsste aus anderen Symbolen gedeutet werden, ob es erfolgreicher als der vorherige Lebensabschnitt verlaufen wird.

Zucker: Im Traum geschmeckter Z. ist nicht süß, sondern deutet eher auf einen Mangel hin; man möchte sich das Leben besonders schön machen, aber der Alltag spielt nicht mit.

Zugbrücke: Wenn die Z. heruntergelassen wird und wir darüber hinwegschreiten, werden wir offene Ohren wegen eines anstehenden Projektes finden. Die Z., die oben bleibt oder nicht heruntergelassen wird, deutet auf die Schwierigkeiten hin, auf die wir in einem aktuellen Fall stoßen.

Zügel: Nehmen wir ein Tier am Z., werden wir im Wachleben selbst an die Kandare genommen, das heißt, wir müssen uns in Unabänderliches fügen.

Zunge: Als Werkzeug der Rede hat sie geistige Bedeutung. Sieht man die eigene Z. im Spiegel, gibt uns das Unbewusste den Rat, lieber in einem bestimmten Fall zu schweigen, als zu reden. Wer die Z. eines anderen Menschen im Traum sieht, sollte an die spitzen Z. in seiner Umgebung denken, an die Schwätzer, die uns und andere verleumden.

Zuspätkommen: Wurde schon von den ägyptischen Traumforschern als die große Chance gedeutet, die man im Wachleben verpasst.

Zwei: Diese Zahl zeichnet den Gegensatz, das Gute und das Böse, Sein oder Nichtsein – übersetzt die Widerstände, die sich Menschen im Alltag entgegenstellen. Die Zahl ist zugleich das Ewig-Weibliche, die Frau, die dem Mann zugesellt ist, damit er seine naturgegebene Bestimmung erfüllt.

Zweige weisen auf eine Wunscherfüllung hin, wenn sie grünen und blühen. Sind sie verwelkt oder ohne Blätter, hofft man in nächster Zeit vergebens auf eine Änderung im Leben, man muss noch eine Weile ausharren und aushalten.

Zwerge: Übersetzt Minderwertigkeitskomplexe. Wer sich selbst im Traum kleiner sieht, als er in Wirklichkeit ist, fühlt sich gegenüber einem Konkurrenten im Nachteil, glaubt sich mit diesem nicht messen zu können.

Zwiebeln: Man kennt ihre gesundheitsfördernde Wirkung; wer sie also im Traum isst, kann auf neue Kräfte bauen, die jede Arbeit leichter werden lassen. Weinen wir im Traum beim Schälen von Z., vergießen wir im Alltagsleben falsche Tränen über eine traurige Sache.

Zwillinge sehen: Man kann sich nicht recht entscheiden, sieht immer die beiden Seiten einer Angelegenheit und weiß nicht, zu welcher Seite man neigen sollte. Wer im Traum Z. bekommt, tanzt im Wachleben auf zwei Hochzeiten, ein Unterfangen, das seine Kräfte übersteigen könnte.

Zwirn: Siehe Faden.

Zwölf: Die Zahl ist die Stunde des Messias, übersetzt, man kann alles durch das eigene Opfer erreichen. Ist es im Traum fünf vor zwölf, dann ist es für uns höchste Zeit, die Initiative zu ergreifen.

Zylinder: Trägt man selber einen Z., meist ohne den entsprechenden Anzug anzuhaben, ist man auf dem Wege, sich lächerlich zu machen. Sehen wir andere im Traum einen Z. tragen, steht uns ein ernst zu nehmendes Treffen bevor oder eine Zusammenkunft, die uns traurig stimmt.

Register

A
Aberglaube 39f.
Adler, Alfred 43
Aeppli, Ernst 25f.
Aeskulap *siehe* Asklepios
Aggression 22
Ägypter 14
Alpträume 23f., 34
Angst 18, 23
Angstträume 24, 29
Ärger, aufgestauter 23
Aristoteles 11, 15, 38
Artedmidoros (aus Daldis) 39, 51, 57, 60, 62, 64, 67, 76, 81, 92ff., 100, 105f., 110, 116, 127, 135, 146f., 153f., 159, 163, 180, 183
Asklepios (Aeskulap) 11
Aufklärung, Zeitalter 40
Augenbewegungen *siehe* REM
Autosuggestion 12

B
Babylonier 14
Bechterew, Wladimir 16
Berger, Hans 16
Binz, C. 40
Blinden, Träume von 29f.
Bliss, Eugen 10

C
Caton 16
Chaldäer 36
Chinesen 14
Clarc, Lincoln 10

D
Dämmerung 33
Darmbeschwerden 22
Dement, William 17f., 45
Druck 28
Dyspepsie (Verdauungsstörung) 22

E
EEG *siehe* Elektroenzephalographie/-gramm
Elektroenzephalographie/-gramm (EEG) 16f.
Erbrechen 21f.
Examensängste 23 *siehe auch* Angst *sowie* Angstträume

F
Fallen, Träume vom 24f.

Fallträume 29
Farben *siehe* Grundfarben
Farbenträume 27f.
Fischer, Dr. 11
Fliegen, Träume vom 24f.
Freud, Sigmund 22ff., 39, 41ff., 53, 62, 78, 82, 93, 104, 110, 172, 174, 177f.
Frobenius, K. 19

G

Geräusche, rhythmische 33
Geruch 28
Geschmack 28
»Gilgamesch« 36
Goethe, Wolfgang von 27
Griechen 14
Grundfarben
– Grundfunktionen, psychische 27

H

Halluzinationen 10
Hauptmann, Gerhart 15
Heilschlaf 13, 37
Hemmungen 24
Herz-/Keislaufstörungen 22
Hildebrandt, F. W. 15
Hippokrates 38f.
Hochmut 25
Homer 38
Hörträume 28

I

»Ilias« 38
Inder 14
Individualpsychologie 43
Inzestträume 21

J

»Jagaddeva« 38, 60, 99
Jung, C(arl) G(ustav) 15, 24–27, 42–45, 51, 55, 81, 100, 125, 152, 171

K

Kälte 28
Kinder 13, 22
Kinderträume 28f.
Klimakterium 23
Kneucker, Professor 8
Kompensation 43
Kontaktarmut 25
Konzentrationsschwäche 18
»Kopfuhr« 18f.
Krisen 23

L

Lichtreiz 34
Lüscher, Max 27
Luther 36

M

Maeder, Alfons 29
Magenbeschwerden 22
Migräne 21
Minderwertigkeitsgefühle 43

Misshandlungen 22
Mondlicht 33
Moufang, Dr. Wilhelm 31

N
Neurosen 21

P
Partnerschafts-Probleme 21
Pawlow, Iwan Petrowitsch 16
Phaldor 94
Pharao, Zahntraum des 37 f.
Platon 38 f.
Psyche, unbewusste 44
Psychoanalyse 41
Pubertät 23

R
Reizbarkeit 18
Reizträume 34 f.
REM (rapid eye movement) 17

S
Safadi 29
Schlaf(, gesunder/guter) 8 f.
– Regeln 12
Schlafbedürfniss,
  Unterdrückung 10
Schlaflänge 13
Schlaflosigkeit 12, 22
Schlaftiefe 13, 18
Schlafzyklus 17
Schmerz 28

Schopenhauer, Arthur 10, 32
Selbstmordgedanken 22
Sendung, göttliche 39 f.
Sexualerlebnisse, verdrängte 42
Sexuelles 23 *siehe auch* Träume, sexuelle
Siebenthal, Wilhelm von 18, 24, 26, 33
Sokrates 38
Stekel, Wilhelm 21 f., 25, 39, 42
Sterben 25 f.
Stress, Erholung von 14

T
Teillard, Anja 28
Teufel 24
Todesträume 25 f.
Traum/Träume
– Definition 14 f.
–, kriminelle 21 ff.
–, sexuelle 20 f.
Traumarten 20–35
Traumdefizit 18
»Traumorgan« 32
Traumphasen 17
Triebstärke 21

U
Übelkeit 21
Unbewusstes« (»kollektives) 44

V
Verdauungsstörung *siehe*
  Dyspepsie
Verfolgungsträume 29
Völlerei 34

W
Wachträume 33
Wahrträume 30 ff.
Wärme 28
Werbung 34

Wilhelm I., König 31
Winterstein, Hans 28
Wunschträume 33

Y
Yoga 28

Z
Zahlenträume 26 f.
Zahntraum des Pharao
  37 f.